BÁRBARA PALACIOS

Atrévete a ser Bárbara

a ser

¡Un desafío para superar las marcas de la vida, un plan para descubrir tu diseño integral y dejar **HUELLAS**!

Elogios

Es necesario ser valiente para entrever a Dios por las rendijas de lo bueno y lo malo en la vida y para sabiamente escuchar Su voz en medio del ruido ensordecedor. Se necesita de coraje y humildad para contarlo a cara descubierta y corazón abierto, pero más aún para convertir, en medio del éxito personal, el "gran plan de Dios" con el que se inicia este libro en el verdadero protagonista. Como su autora, viene cargado de tesoros personales, poder de lo alto y propósito.
Sencillo, profundo... simplemente bárbaro.

LIDIA MARTÍN TORRALBA,
psicóloga clínica, autora y conferencista

Bárbara es una mujer excepcional. En donde muchas mujeres hubiesen considerado haber llegado a la cima, Bárbara construyó su plataforma. De Miss Universo a emprendedora, y de allí a convertirse en una de las mujeres más influyentes de nuestro mundo. Tenemos muchas cosas que aprender de Bárbara, y este libro es un excelente lugar donde comenzar.

ANDRÉS PANASIUK,
fundador del Instituto para la Cultura Financiera, conferencista internacional y escritor del *best seller ¿Cómo llego a fin de mes?*

Siempre he creído que los seres humanos nos conectamos a través del dolor y no a través del éxito. Las dificultades de la vida nos conectan de una manera mágica. En este libro, Bárbara lo ha logrado. En Atrévete a ser Bárbara, podrás conocer a la mujer detrás de la mujer. Ella, vulnerable y con aprendizajes que te llegarán al alma, te llevará por un camino inolvidable donde nunca más volverás a ser lo mismo.

VÍCTOR HUGO MANZANILLA,
CEO de Salarius, autor y conferencista internacional

Cada una de nosotras hemos vivido momentos difíciles, llenos de dolor y del asombro que muchas veces lo acompaña. El dolor es una experiencia común, pero lo que hacemos con él no lo es. Al leer cómo Bárbara logró superar su dolor y las experiencias difíciles, podrás cobrar ánimo y valor para ti misma, porque puedes estar segura de que el mismo Cirujano que le trajo sanidad y libertad a ella también lo hará en tu vida. ¡Tu vida SÍ puede ser bárbara!

NOLITA W. THEO,
ganadora del premio SEPA 2008 por mejor libro
en español, *La mujer de sus sueños*

Con Bárbara, hemos compartido juntas el escenario en conferencias de mujeres en Guatemala, Miami y Orlando, entre otros. Sin duda, cada vez que la escucho, puedo ver en ella un don providencial y una gracia especial más allá de su belleza física. Bárbara transmite asertividad, con un balance justo entre el coraje firme y la dulzura amable. Este nuevo libro es un apasionante testimonio de una vida transformada. Pasó de los momentos difíciles a la corona, siempre con un mismo propósito: el inspirar a otros. ¡Bárbara es... bárbara!

SONIA GONZÁLEZ BOYSEN
Autora de libros *best seller*, conferencista internacional y mentora empresarial

Señor Jesús, te dedico este nuevo libro con humildad y amor, con el compromiso de aportar el aprendizaje que me has permitido adquirir a través de estos años de existencia, que Tú, Señor, has llenado de propósito y vida.

He tenido muchas batallas, y las victorias las he visto en lo que Tú, Señor, has hecho en mí, no en lo que yo he logrado. Tú, Señor, has puesto en mí el sueño de seguir escribiendo para apoyar, ayudar e inspirar a otras personas, que, al igual que yo, han pasado por situaciones que dejaron profundas cicatrices, que solo a través de ti, Señor, han sanado y ahora son marcas que reflejan el testimonio de Tu amor.

Tabla de contenidos

Parte tres
BÁRBARAMENTE DISCIPLINADA

Introducción

EL GRAN PLAN DE DIOS está por encima de nuestras propias ideas, por encima de nuestros miedos, de nuestras tristezas o carencias. Es más grande que nuestros dolores o que nuestros vacíos. Es superior a la inseguridad, a la baja autoestima o a la falta de aceptación que algunas veces nos agobia.

Atrévete a ser Bárbara es una guía para que las mujeres puedan con voluntad, valentía, perseverancia y fe atreverse a convertirse en el ser humano que Dios soñó para cada una de ellas. Muchas descubrirán un paralelo entre algunos eventos y episodios de mi propia vida narrados en este libro y los que ellas han experimentado en su propio existir. Al final de esta jornada toda mujer podrá decir sin temor a equivocarse que su vida también puede ser BÁRBARA.

Este libro nace de mi vocación para servir, ayudar e inspirar a otras mujeres a ser capaces de cerrar sus propias heridas. Quizás algunas de esas heridas tienen mucho tiempo abiertas, tal vez años y por lo tanto bajo esa condición no han podido alcanzar otras metas y superar las circunstancias con las que la vida las ha sorprendido, quedando paralizadas de dolor y sufrimiento. Más allá de eso, posiblemente aún viven atrapadas en un mundo sombrío, batallando con problemas de salud física, mental, emocional y espiritual. Desafortunadamente el mundo está lleno de personas que no han podido salir de esos sótanos y se declaran incompetentes para restablecer sus vidas, sin poder perdonar, sanar y liberar así un inmenso caudal de resentimientos y tristezas. Son vidas sin luz que no procuran que esas heridas cierren y se conviertan en marcas que puedan dejar huellas positivas en su existencia y en aquellas de quienes las rodean. En mi caso, muchas de mis heridas se convirtieron solo en marcas; marcas que nunca hubiera querido tener y que sin embargo acepté y enfrenté. Pasaron de ser heridas sangrantes y abiertas a cicatrices, para luego convertirse en marcas imperceptibles, todo esto como parte de la transformación quirúrgica que Dios hizo en mi vida. Solo Él en Su inmensa misericordia fue cerrando con amor y generosidad cada herida, dándome fortaleza después de cada agresión, cada abuso, cada injusticia, proporcionándome liberación, resiliencia, discernimiento y una vida nueva con propósito.

Hoy más que nunca, habiendo superado tantas adversidades, y siendo un testimonio de la transformación que Dios es capaz de hacer en cada uno de nosotros, dedico mi existencia a inspirar a otras personas para que puedan romper con las cadenas que la misma vida ha puesto frente a ellas.

Por eso te invito a leer este libro y a recorrer mis experiencias, a entender mis enseñanzas y a seguir mis consejos. Estoy segura de que encontrarás claves importantes para salir adelante, para mirar otros horizontes, pero, por encima de cualquier circunstancia que estés viviendo, para creer y confiar en que nuestro Dios te ama y te espera siempre con los brazos abiertos para hacer de ti lo que Él un día soñó para ti.

Parte uno

INSPIRACIÓN
PARA ATREVERTE
A SER BÁRBARA

"No importa que la vida deje huellas en mí,

¡lo importante es dejar huellas en la vida!".

CAPÍTULO 1

Atenuando mis marcas

UNA MAÑANA, SIENDO MUY PEQUEÑA e inocente como la niña que era, me miraba en el espejo sin entender claramente lo que había sucedido. No era consciente de que, a mi corta edad, también debía enfrentar y experimentar diferentes maneras y momentos de dolor. No bastaba lo que sufría viviendo en el centro del campo de batalla de una familia disfuncional. Sorprendentemente, había vivido otro hecho más, inesperado, cruel y amargo.

Lo recuerdo como si hubiera sido ayer, mirando con tristeza el reflejo de mi rostro en el espejo del baño del apartamento en la avenida México, zona del centro de Caracas, donde vivía con mi mamá. Me preguntaba por qué me había ocurrido esto a mí. Sin completar ningún juicio ni estar consciente de las marcas que quedarían en mi rostro, repasaba las heridas que me dejaron los colmillos afilados de mi adorado perrito Ambrosín (así lo llamaba, aunque su nombre era Ambrosio, un precioso fox terrier marrón de tamaño mediano).

Con tan solo seis años ya tenía un vínculo especial con los animales y era una férrea defensora de su causa, aunque no hubiera sido esto lo que me inculcaron en casa. Después de ese incidente, lo único por lo que me preocupaba era por lo que pudiera pasar con el futuro de Ambrosín. Creo que nací con una desarrollada sensibilidad hacia los animales, los amo inmensamente.

Nunca he entendido por qué el ser humano tiene pasatiempos como la caza, actividad que oro a Dios muy pronto termine y deje de ser llamada deporte. No considero un deporte el matar un animal para exhibir en casas u oficinas su cabeza o cuerpo después de practicarle la taxidermia (proceso para conservar animales muertos), como si fuera una condecoración, premio o galardón; nunca lo entenderé y nunca lo aceptaré. Aunque estoy consciente de que muchas personas viven de esta práctica, debería entenderse que, al igual que otras actividades que han sido parte de la historia, la cacería debería quedar en el pasado y en el olvido. Cazar un animal como deporte es una actividad detestable y terrible, la mayoría acecha y asesina animales solo por las sensaciones que les provocan, no por necesidad. Debemos seguir luchando por no permitir que se le siga arrebatando a la naturaleza ese tesoro, envidiado por algunos seres humanos: la libertad.

Como defensora y amante de los animales, siempre he soñado con darle un beso a un león, acariciar a un leopardo, abrazar un oso o estar junto a un orangután. Estoy muy agradecida de que parte de estos deseos se ha cumplido: dos de estos anhelados sueños se hicieron realidad y aún hoy me parece increíble haber vivido esas experiencias únicas y con gran significado para mí. Una de ellas tuvo lugar hacia el final de mi reinado como Miss Universo 1986, cuando tuve la extraordinaria oportunidad de entregar mi corona en la hermosa isla de Singapur, un país que quedó prendado a mi corazón, no solo por lo asombroso de sus rascacielos y por su impactante modernismo, sino también por el cariño y las atenciones que allí recibí.

Visité Singapur en dos ocasiones y fue precisamente durante la maravillosa gira por los lugares donde grabamos que tuve la inolvidable oportunidad de visitar el único zoológico que realmente disfruté. Nunca me han gustado los zoológicos, me encantaría que no existiera un solo animal alejado de su hábitat natural: sus campos, montañas y océanos, para vivir como Dios los creó, libres y en armonía. El zoológico de Singapur se concibió como un lugar abierto donde los animales únicamente están separados por barreras naturales, por lo que me encantó verlos libres, sin rejas, con mayor espacio y donde el respeto y cariño por ellos se ve reflejado en cada una de las áreas de este maravilloso parque, uno de los más importantes del mundo. Cuando llegué al zoológico no sabía a ciencia cierta qué era lo que iba a vivir. Quedé sorprendida y comencé a llorar de alegría al ver a una inmensa orangutana y a su bebé corriendo en un jardín con un cielo despejado. Todo parecía perfecto, el sol se complació al vernos y no encendió su hoguera, solo nos iluminó y nos permitió disfrutar de un clima maravilloso. Me sentía como si estuviera en una película. Fue algo increíble y fuera de lo común. La simpática orangutana se encontraba sentada frente a una mesa con un precioso mantel y una vajilla bien dispuesta para desayunar. Ella estaba comiendo un plátano, mientras me senté a su lado como me habían indicado, con total naturalidad.

Recuerdo que la única recomendación que me dieron sus cuidadores fue que, aunque el bebé estuviera cerca de mí, no lo tocara, pues solo podía abrazar o tocar a la mamá orangutana. La razón era que como madre ella estaba preparada para defender a su bebé de cualquier eventualidad, y seguramente podía temer que una persona como yo, fuera del ámbito de sus cuidadores, y a quien veía por primera vez, le pudiera quitar o hacer daño a su bebé. Me hubiera encantado abrazar a aquel juguetón orangután bebé, por eso los cuidadores, al ver mi deseo de acariciarlo, me advirtieron no tocarlo; si el bebé venía a mí, debía dejarlo a sus anchas sin hacer ningún movimiento, me dijeron que su mamá lo tomaría, como en efecto sucedió. El precioso bebé orangután se subió a mi hombro izquierdo y desde allí jugaba con mi cabello, mientras su mamá lo observaba.

Disfruté al máximo ese sueño hecho realidad en Singapur y desde allí recordé con inmensa tristeza y nostalgia a mi primer perrito Ambrosín, quien marcó mi vida. Lo amaba con locura, mi mamá me lo regaló porque sabía lo mucho que quería tener una mascota. A mi corta edad no pude salvar a Ambrosín de la muerte, aunque pedí desesperadamente que no se lo llevaran. No fueron suficientes mis gritos, mi llanto, ni mi profundo dolor para protegerlo; me lo arrebataron para sacrificarlo. Mi peludo Ambrosín era un perrito que había estado en otro lugar, no recuerdo exactamente en dónde o quién lo había tenido antes, pero sí recuerdo que necesitaba un hogar cuando lo encontramos. Quizás pasó por abusos, no lo sé, lo que sí recuerdo es que, aunque mi mamá me lo regaló, Ambrosín estaba muy apegado a ella —la consideraba su dueña. Tal vez por eso sucedió todo. Recuerdo esa noche cuando me acerqué a mi madre, ella estaba sentada hablando por teléfono en una de las sillas del comedor y me puse en el suelo, le tomé cariñosamente las piernas y recosté mi cara sobre ellas. De pronto, Ambrosín corrió hacia mí con una velocidad inusitada, furioso, me desconoció y mordió mi cara.

Quizás me atacó por celos o porque respondió a un signo de angustia de mi mamá que hablaba por teléfono, preocupada por alguna situación que desconozco; yo misma, momentos antes, me había sentado en el suelo buscando transmitirle mi cariño al abrazar sus piernas. He pensado muchas veces que quizás Ambrosín sintió que le haría algún daño a mi propia madre. Hoy en día existen diversos estudios que aseguran que las mascotas, específicamente los perros, pueden notar cuando las personas presentan signos de angustia, por lo que responden más rápido y acuden a su dueño en auxilio. Ambrosín definitivamente vio algo que era extraño para él, ya que nunca me había visto así en el suelo cerca de mamá, y puede ser que sintió la necesidad de defenderla de un posible ataque de mi parte; no lo sé y nunca lo sabré. Aunque intenté sacar algunas conclusiones, lamentablemente nunca podré cambiar esta triste historia de las páginas de mi existencia.

Debo confesar con sinceridad que estas tres marcas nunca me afectaron, avergonzaron, ni mucho menos me restaron confianza y seguridad. No hubiera querido pasar por ese terrible momento, ¿quién desearía pasar por algo parecido?, sobre todo la pérdida de una mascota querida.

Estas marcas en la cara, aunque de niña eran más visibles, hoy en día son como unos simples rasguños que nadie nota, no las tengo que cubrir, ni he tenido que hacerme ninguna cirugía.

En realidad, a mis cincuenta y cinco años de edad no tengo cirugías en mi rostro.

Creo firmemente que no existe cirugía que el ser humano pueda hacerse para corregir lo que no le gusta del "rostro" de su alma. Hay heridas grandes y muy profundas que pueden permanecer abiertas toda la vida. En mi caso, habiendo nacido en una familia disfuncional, empecé desde niña a tener heridas muy dolorosas, que años después se convirtieron en cicatrices. Con el tiempo se tornaron en marcas; marcas que nunca hubiera querido tener y que, sin embargo, acepté porque pasaron de ser heridas abiertas a cicatrices, para luego ser marcas imperceptibles, producto de la transformación de Dios. Dios fue mi "cirujano", Él es mi secreto de belleza, solo Él pudo cerrar mis heridas, curarlas y sanarlas, otorgándome así un propósito inmenso que le dio sentido a mi existencia. Más de lo que nos imaginamos, ocurre que a quienes más amamos nos pueden dejar heridas profundas que toman tiempo para cicatrizar.

He comprobado lo importante que es saber qué hacer con lo que nos pasa y cómo transformar en propósitos de vida situaciones que nos toman por sorpresa, nos victimizan, nos confunden y nos derrumban. En momentos cuando eres atacado, cuando te estremeces por el fuerte dolor de la herida, cuando todavía sientes que tienes los colmillos en tu alma, te resulta difícil creer lo que lamentablemente es ya una dolorosa realidad. Eso que te sucedió, que te marcó, nadie lo podrá borrar de tu historia. A la mayoría de las personas les resulta difícil comprender que es posible reformular lo que ha ocurrido y convertirlo en motivo de superación. Todos podemos, con la experiencia de nuestras propias marcas, aportar soluciones a la sociedad, a la comunidad y ser verdaderos hacedores de cambios. Podemos ayudar a quienes quedaron marcados por profundos daños familiares, arropar a quienes sufren y no encuentran el camino, comprender a quienes no piensan igual que nosotros, defender a los más débiles y a quienes no tienen una voz, como por ejemplo los niños y los animales. Podemos convertir cada marca impresa en nuestro cuerpo o alma en huellas de los pasos que daremos en la vida para ayudar, inspirar y transformar la existencia de otros. Ellos, a su vez, dejarán también huellas positivas en la vida de tantos otros que también sufren por sus propias heridas. Afortunadamente, podemos ser mensajeros para alentar a quienes se pasean desolados en su mundo, producto de lo que han vivido o viven, y no aceptan, no perdonan o no se perdonan a sí mismos por las heridas que han ocasionado. Estoy convencida de que somos llamados a inspirar a los seres humanos a través de nuestra propia existencia con cada reto, caída y victoria.

¡No importa que la vida deje huellas en mí, lo importante es dejar huellas en la vida!

Recuerdo que, cuando era niña, mis cicatrices se veían grandes. Nunca olvidaré al estupendo doctor que me curó, quien me dijo que no necesitaría cirugía porque mis cicatrices se harían cada vez más pequeñas a medida que creciera. Esto, y mi actitud positiva, sin duda fueron vitales para restarles importancia y de esta manera no perder la confianza en mí. Hoy en día lo que me dijo el doctor lo entiendo en un contexto más amplio: cuando creces como persona, es decir, cuando te desarrollas espiritualmente, las cicatrices que han marcado tu vida se van haciendo más y más pequeñas. Mis cicatrices nunca las vi realmente como simples cicatrices. Recuerdo que de pequeña siempre pensé que ese peludo amado me había dejado su marca como muestra de su amor y fantaseaba con la idea de que me había convertido en otro animal, uno que habitaba en un reino perfecto donde no había dolor, ni sufrimiento, ni cacería ni matanzas, donde todos éramos libres. Fue así cómo pude jugar con la idea, imaginando que dejaba de ser una niña triste de una familia disfuncional para convertirme en una leoparda libre corriendo por la selva, sin miedo a sufrir persecución o abuso alguno; por unos instantes, al soñar despierta me sentía libre y fuera de peligro.

Cuando pienso en la orangutana de Singapur, recuerdo que ella estaba muy atenta para defender a su bebé de mí. Aunque yo lo hubiese tocado con sumo cariño y respeto, ella no lo habría entendido así. De la misma manera, mi amado Ambrosín no entendió que mi gesto era de cariño. En ese momento buscaba el afecto de mi mamá, su protección y su consuelo. Ambrosín quizás no quería hacerme daño, él solo quería defender a mi mamá. Lo que sí es verdad es que Ambrosín necesitaba ser entrenado, y mi mamá no estaba lista para hacerlo. Las emociones en conflicto de mi madre no le permitieron siquiera asumir su propio "entrenamiento" para lograr autocontrol; aunque lo intentó y estuvo consciente de la necesidad de mejorar en esa área, decaía una y otra vez, lo que la llevaba a pasar épocas de profunda depresión. Lamentablemente mi mamá sacrificó muchas otras áreas de su vida por ser incapaz de superar la depresión y su falta de control emocional. Quedó muy afectada por una infancia también disfuncional (como lo narro en mi primer libro *La belleza de saber vivir*). Aunque mi abuela Carmela intentó educar bien a mi madre y a mi tía, y trató de darles lo mejor dentro de sus posibilidades y conocimientos, quizás ella no les pudo dar la estabilidad emocional, ya que ella a su vez se crio en una familia disfuncional.

Mi abuela Carmela —quien me llamaba "mi beba, mi tesoro"— siempre me rescataba de situaciones penosas y me llevaba a su casa para apartarme de un mundo con el que ella no estaba de acuerdo. Fue una madre perseverante, trabajadora, muy adelantada a su época, que, a pesar de venir también de un hogar con muchos problemas y necesidades económicas, no se dejó arrastrar por la depresión. Por el contrario, fue una mujer con mucha templanza, con una absoluta disposición a triunfar por encima de las difíciles circunstancias que vivió en un tiempo de la historia muy sangriento. Mi "abuelita", como a ella le gustaba que le dijera y no "abuela" porque lo sentía menos cariñoso, vivió años oscuros y tristes en épocas muy tambaleantes, donde escaseaba hasta lo más necesario —el pan de cada día. Conseguir lo que se pondría en la mesa para comer, con la idea de que sería una sola comida al día, era un reto que necesitaba de gente muy valiente. Mi abuela no se permitió deprimirse, no se quedó paralizada o en una cama desolada, triste, esperando que alguien resolviera sus problemas. No lo permitió ni siquiera ya casada con mi abuelo Antonio, quien tampoco fue un gran apoyo para ella porque, aunque sobrevivió como soldado en la guerra civil de España, regresó a casa resquebrajado en salud y en los deseos de prosperar. Ella me contaba que mi abuelo se conformaba con lo mínimo y no ponía mucho esfuerzo por hacer más. Para él no era necesario buscar un futuro mejor a pesar de existir mi mamá, quien nació en 1942, y cinco años después, mi tía. Ambas necesitaban del padre responsable que nunca pudo ser.

Regresar de cualquier "guerra" es una etapa que a muchos les resulta difícil enfrentar. Me refiero a casos como una enfermedad grave, problemas económicos, separaciones, pérdidas de seres queridos o alguna tragedia; es complejo volver a comenzar una vida sin tener secuelas profundas y complicadas. Muchos soldados, al regresar, son víctimas de esas secuelas de por vida, no solo físicamente, sino psicológicamente; por años sufren de heridas abiertas que no son visibles y que permanecen en lo profundo de su mente. Mi abuelita Carmela me contaba tantas historias que quedaron grabadas en mi memoria y aún hoy las recuerdo como si ella me las susurrara al oído. Una vez me contó que en España muchos soldados regresaron a sus casas con heridas abiertas en sus corazones y con graves problemas psicológicos. Mi abuelo, al igual que tantos otros soldados, no pudo hacer nada al ver a sus compañeros caer heridos y morir a sus pies. Y dentro de esa cruda realidad lo único que los llenaba de optimismo en medio de la batalla era salvar a un compañero herido que presentaba signos de vida. Sin embargo, la realidad es que algunos quedaban vivos, aunque en muchos casos lesionados para siempre. Fueron años muy difíciles para todos y no era fácil volver a comenzar una vida después de haberse visto bajo tales baños de sangre y muerte. En ellos no había un propósito que los impulsara a seguir, a poder hacerlo con optimismo. Esto se había agotado y daba igual para ellos, como en el caso de mi abuelo, cuyo propósito de vida se había quedado en el campo de batalla.

A mi mamá sí le preocupó mucho lo que vendría después de mi experiencia con Ambrosín; ella sabía que yo amaba a los animales. Mamá temía que mi dolor me llevara a tener rechazo a los perros, convirtiéndose entonces en un miedo que me causara problemas mayores. Ella conocía perfectamente las consecuencias de lo que significaba la zozobra, ansiedad, tristeza, angustia y miedo. Considerando el significado real de la palabra *zozobra*, que deriva del latín y que puede traducirse como "hundimiento", Ambrosín, en vez de "hundir" en mí el amor hacia los animales, sacó a flote mayores sentimientos de amor hacia ellos y me acercó más al mundo animal. Las heridas que dejó Ambrosín en mi cara se transformaron en marcas de amor y en una necesidad de hacer algo por los peludos. Cuando en el colegio los profesores nos pedían hacer de tarea un trabajo sobre lo que considerábamos un problema por resolver en la sociedad, siempre hacía mis trabajos sobre el racismo, los vagabundos y el abandono o abuso de los perros y gatos. Fue emocionante ganar varios premios y obtener la mayor nota por mis trabajos. Sin embargo, lo que verdaderamente me impresionaba era saber que, con mi trabajo expuesto en la cartelera, otros alumnos de otros grados pudieran verlos y así comentar y crear debates; muchos de mis compañeros que no sabían, por ejemplo, de la cantidad de perros abandonados en la ciudad de Caracas donde vivíamos se concientizaban. Me preguntaban qué podían hacer y yo les hablaba de la adopción, les recomendaba que les pidieran a sus padres adoptar un perrito y así arrancarlo de la miseria de seguir en abandono y soledad deambulando por las calles.

En ese entonces, los abusos de los que muchos animales eran objeto no se evidenciaban como hoy en día, gracias a los medios de comunicación y el internet. Actualmente nos podemos sumergir mucho más en estos temas para obtener mayor conocimiento, al igual que podemos participar de manera activa en la defensa de los mismos. Lo cierto es que las cifras del abandono de mascotas en los países de América Latina hoy en día son terribles a consecuencia de las situaciones económicas tan difíciles.

De la adversidad a mi propósito de vida

Desafortunadamente conocí la palabra *destrucción* desde muy pequeña. Como he dicho anteriormente, vivía en una familia muy disfuncional, y eso para mí es sinónimo de destrucción. Cuando sucedió lo de Ambrosín, vivía épocas extremadamente difíciles, de muchas situaciones fuera de control entre mis padres; ya estaban divorciados para ese entonces, sin embargo, los problemas continuaban y se incrementaban. No podía dormir en las noches, me costaba mucho por todo lo que veía o escuchaba cuando estaba en casa o al regresar del colegio. Presenciaba situaciones que podía percibir como fuera de lo normal, no comprendía por qué mi mamá vivía tan atormentada. Al tiempo que crecía, me daba cuenta de que mi vida no era igual a la de mis compañeros de escuela. Los veía con sus padres en situaciones que para mí eran ideales, como familias felices, o quizás así era como yo lo percibía, aunque seguramente otros niños podrían estar pasando por problemas similares de abuso doméstico. Recuerdo con claridad que me hacía muchas preguntas con una profunda angustia intentando encontrar respuestas. Cuando no podía dormir en las noches, que se hacían muy largas mientras veía la luna hasta que mi cama fuera iluminada por los primeros rayos de sol, me preguntaba una y otra vez por qué no podía tener una familia normal. Por mucho que pensara y dejara de dormir, nunca encontraba respuestas, esas preguntas siguieron vivas, mientras tanto la rutina de problemas y desilusiones continuaba creando profundas heridas en mi corazón durante mucho tiempo. Así fui creciendo, pensando en cómo salir de este mundo, sin repetir esos patrones de vida y pidiéndole a Dios poder encontrar un camino de ilusiones y sueños realizables.

Si reviso lo que he logrado hasta el día de hoy, sin duda he alcanzado muchas metas, tanto profesionales como personales, que por cierto son las más importantes para mí: mi familia, mis hijos y mi esposo son mi mayor bendición, sin olvidar a todas las mascotas que nos han acompañado a lo largo de los años. Tuve la oportunidad de rescatar varios animales del abandono y algunos pudieron ser dados en adopción a través de veterinarios que me ayudaron a buscarle una familia que los amara, mientras otros se quedaron en casa. A todos los extraño demasiado ahora que ya descansan con Dios. Todos esos peludos fueron grandes bendiciones, llenos de amor que le dieron sentido a mi vida, mientras cambiaba sus historias de abandono por un hogar. Sin embargo, hay cosas que nunca pude lograr, por ejemplo, cambiar el curso de la historia de la familia en la que me tocó nacer.

Por lo general, las personas al conocerme o saber de mí por la prensa piensan que, porque fui Miss Universo y he estado activa y con éxito en la vida pública, mi vida desde niña fue un cuento de hadas. Lo que no imaginan es que fue todo lo contrario: no viví en un palacio, viví en una prisión durante mi niñez y adolescencia. Muchas veces pensé: "¿Para qué vivo?". En innumerables momentos le pedí a Dios que me llevara con Él, pues no quería vivir ni un día más. Gracias a Dios nunca intenté nada para atentar contra mí misma. Fui víctima de abusos, por lo tanto, asumí una doble vida: la que veían en mi colegio —donde nunca conté lo que ocurría en mi casa— y la triste vida de una niña en medio de una familia llena de conflictos. Jamás ninguno de mis amigos en la primaria o en la secundaria conocieron mi casa. No permití que nadie supiera o sufriera por lo que yo pasaba. No quería avergonzar a nadie si se producía una situación difícil. No quería que nadie me mirara como a una víctima. No quería cuentos o comentarios en mi colegio y mucho menos quería que dijeran: "Pobrecita, cuánto sufre".

Fue en la secundaria cuando, a pesar de mi corta edad y sin conocimientos sobre religión, decidí entrar a un colegio religioso. En mi familia Dios nunca fue el centro, y mi vida desde antes de nacer giraba en un círculo familiar sin valores espirituales. Fue una bendición que pudiera nacer saludable a pesar de que mi mamá —como si fuera parte de una escena de novela— embarazada de mí en plena discusión cayó por una escalera. Sin embargo, aun cuando fueron innumerables golpes los que recibió producto de la caída, yo no tuve secuelas. En cambio, mi mamá sí quedó muy afectada emocionalmente, y eso, sumado a otras situaciones de su infancia y las terribles experiencias que vivió como mujer casada, fueron el abono perfecto para descomponer, al paso del tiempo, su sistema nervioso, perdiendo su autocontrol, su serenidad y muchos años de existencia, los cuales hubiera podido disfrutar, solo si hubiera logrado sanar sus heridas.

A pesar de haber nacido en medio de una familia de esas características, afortunadamente logré reconocer a Dios en mi vida, y te aseguro que todavía no sé cómo lo hice, pero fue por Su gran misericordia que pude iniciar desde pequeña el trayecto en la búsqueda de Dios. Recuerdo claramente, cuando las dificultades que enfrentaba siendo tan solo una niña me amenazaban, sentía unos "colmillos" que me desgarraban el corazón, buscaba abrazarme de Dios y le pedía que me protegiera debajo de mi cama, dentro del clóset de mi cuarto o dentro del baño que se convertía en mi refugio hasta el amanecer. Allí, en esos lugares donde no había luz, y si había yo no la encendía, hablaba con Dios con mucha confianza, le pedía que me rescatara de ese lugar y me llevara con Él.

Aunque lo deseado y lo correcto es que todo niño disfrute del amor estable de sus padres, ese no fue mi caso, yo como millones de personas en el mundo he tenido que enfrentar durante la infancia y adolescencia el horror de la violencia doméstica. Hay heridas que quedan en lo más profundo del corazón que son producidas por los momentos injustos y desgarradores que el lado oscuro de personas que supuestamente nos aman nos hacen pasar, aun siendo parte de nuestra propia familia.

Según diversas investigaciones, un gran número de personas que suelen cometer violencia doméstica no aparentan su inestabilidad emocional, no demuestran el resentimiento que llevan clavado en sus almas y logran persuadir a los demás con sus cualidades positivas sin mostrar su lado verdadero. Peor aún, viven varios personajes ante la sociedad y en algunos casos pueden resultar ser personas carismáticas, agradables, educadas e inteligentes, así confundiendo a los demás. Pero, en la intimidad de su hogar y frente aquellos a quienes deberían amar y proteger, se quitan la máscara y desatan sus sentimientos más bajos y negativos, sentimientos que en muchos casos también fueron sembrados en su propia infancia por abusos sufridos a consecuencia de la violencia doméstica. La verdad es que muchas personas que han sufrido violencia doméstica o abandono por parte de sus progenitores —de uno o de los dos—, en vez de buscar la posibilidad de sanar y de perdonar, optan, algunas veces sin darse cuenta, por la venganza hacia las víctimas, que se convertirán en un futuro en su propia familia, en carne de su carne. Así pasan de ser víctimas a victimarios. Estos victimarios por lo general desconocen el verdadero amor y se cierran a convertirse en personas que puedan llevar un mensaje a sus familias y a otras personas a través de lo que sufrieron, transformando sus heridas en marcas positivas de inspiración. Esto es una muestra de que, si no sanamos ni perdonamos, no podremos entonces vivir con esperanza, y mucho menos podremos compartir nuestras dolorosas experiencias para prevenir, alertar o ayudar a otros a renunciar a la atadura del resentimiento y caminar libres por el sendero del bienestar.

En mi caso, nadie pudo imaginar en lo que se convertiría mi vida de niña y adolescente. Sin embargo, toda esa tragedia familiar en lugar de acabar con mi deseo de vivir me ayudó a descubrir que Dios existe. Pude reconocer a Dios como mi Padre, quien me creó, quien me ama como nadie me puede amar y quien tenía para mí (y para ti) un maravilloso plan en esta existencia que nos dará propósito y vida eterna y dejará nuestras huellas marcadas en la historia del mundo.

Recuerdo que desde pequeña quería saber dónde vivía Dios, y quería irme a vivir con Él. Le pedía a mi mamá que llamara a las iglesias para que me dieran la dirección de Dios. Incluso una vez de tantas, muy tarde en la noche, en medio de una crisis de llanto, mi mamá consiguió hablar con un sacerdote de una iglesia en Caracas. Él no colgó como muchos lo hicieron porque pensaban que mi madre les estaba haciendo una broma por teléfono para burlarse de ellos, cuando mi mamá les decía que no sabía qué hacer con su hija quien estaba desconsolada llorando con una maletita llena de ropa y juguetes porque quería irse a vivir con Dios y necesitaba Su dirección. Este sacerdote, a quien me hubiera encantado conocer para agradecerle lo que hizo esa noche por mí, me dijo que Dios vivía en mi corazón, que cada vez que tuviera miedo o pasara por un dolor o una tristeza, me pusiera la mano en mi corazón y al sentir mis latidos reconocería que Dios vivía allí y que estaría allí siempre para protegerme, y que gracias a Él tenía una vida para seguir adelante. Y sí, definitivamente al transcurrir los años fui entendiendo que Dios está más cerca de cada uno de nosotros de lo que pensamos o queremos reconocer. Muchas personas niegan Su presencia, y una de las razones es porque no pueden entender dónde estaba Dios cuando ellos atravesaban duras pruebas en la vida.

Sin embargo, con todo y que tenía una relación estrecha con Dios, a medida que crecía, me daba cuenta de que algo me faltaba; no entendía qué era. Tenía siempre esa sensación de que era algo que no tenía, como cuando a uno le hace falta algo y no sabe qué es, o como cuando no hemos cumplido algo que nos toca hacer; es una sensación de vacío. Sentía como cuando buscas la cartera y de repente te distraes y se te olvida, y entonces te preguntas: "¿Qué estaba buscando?". O lo que sentimos cuando sabemos que tenemos algo importante que hacer y se nos olvida, pero la sensación de que no hemos cumplido con nuestro deber sigue ahí. Algo parecido es lo que sentía a pesar de tener una relación estrecha con Dios y estar en constante búsqueda de Él, seguía sintiendo que me faltaba algo.

Ese sentimiento siempre me acompañaba e intuía que tenía que ver con mi fe, ya que buscaba a Dios por todas partes. Desde muy joven me sentí inclinada a buscar la compañía de Dios, a estudiar Su Palabra en diferentes cursos a los que asistía, pero que no concluía por diversas razones, entre ellas la falta de tiempo. Al graduarme de bachillerato a los diecisiete años, comencé a trabajar, ya que necesitaba ayudar en mi casa y pagar mis estudios universitarios en el área de publicidad y mercadeo. Aunque mi primer semestre universitario lo cursé de día, al encontrar trabajo en una empresa de producción, estudié a partir del segundo semestre y hasta el final de mi carrera por la noche, por lo que realmente no me quedaba mucho tiempo libre. Y debo confesar que muchas veces, aunque mi cuerpo estaba presente en esos cursos bíblicos, mi mente no estaba allí. Más bien estaba tratando de pensar cómo podía resolver situaciones complejas en mi casa y no lograba concentrarme, ni podía entender nada. En realidad, no solo me faltaba enfoque, me faltaba algo más profundo: me faltaba comprender el gran mensaje que encierra la Palabra de Dios.

Un día, cuando tenía alrededor de quince años, recuerdo perfectamente un cuadro con la figura del Señor Jesús en el pequeño baño del cuarto que ocupaba en el apartamento de mi abuelita Carmela. Ese día en especial, al mirar el cuadro me sorprendí y me quedé observándolo fijamente; lo había observado infinidad de veces, no obstante, ese día fue especial y diferente, como si Jesús se pudiera dirigir a mi desde el cuadro. Entonces me acerqué a la imagen de Jesús y le dije: *Jesús, conozco lo que fuiste y lo que hiciste, pero quisiera conocerte más y saber lo que puedes hacer para sanar mis heridas.*

Durante muchos años como figura pública, he tenido que contestar innumerables veces a medios y periodistas una pregunta a la que, hoy en día, al fin puedo decir que sí tengo respuesta. Una que me hacen de manera constante es: "Bárbara, ¿que más te falta lograr en la vida?", a lo que desde hace muchos años contesto:

"Sueño con hacer realidad mi misión de vida, la que Dios soñó para mí. Eso es exactamente lo que deseo lograr durante el tiempo que permanezca en este mundo, ¡cumplir con mi propósito de vida!".

Cómo enfrentar la violencia doméstica

La violencia doméstica es una realidad en muchos hogares, y lamentablemente afecta de forma negativa a personas sin distinguir sexo, edad, ni condición personal. La violencia doméstica es un tipo de abuso que se origina usualmente con algún miembro de la familia como consecuencia de excesos en el temperamento y que se traduce en acciones cargadas de violencia, tanto físicas como verbales. Esta terrible situación viene acompañada de agresiones como golpes, sometimiento físico y heridas que atentan contra la integridad de las personas. Otra manifestación de la violencia son los insultos, los improperios y las amenazas verbales que ofenden y someten a los individuos, logrando lesionar su autoestima y coaccionando su voluntad y libertad como seres humanos.

Desafortunadamente, en la sociedad actual, la presencia de esta situación es significativa, e increíblemente encontramos muchos casos en los cuales los afectados nunca denuncian al agresor. Pero ¿cómo podemos detectar y evaluar la presencia de este fenómeno en nuestro núcleo familiar para actuar a tiempo, protegernos y proteger a nuestra familia?

De manera definitiva, el *aceptar* que realmente es violencia doméstica lo que se está viviendo constituye el primer paso que podemos dar, y para eso te comparto las siguientes reflexiones que pueden ser útiles:

1. Muchas veces la violencia doméstica se genera en relaciones previas al matrimonio o a la convivencia formal de la pareja. La persona afectada subestima este tipo de conducta de algún miembro de su familia o de su pareja

y de alguna forma valida una condición inconveniente y creciente que puede traer consecuencias graves.

2. En algunos casos estas desviaciones de conducta se consideran como intensidades del carácter de una persona y se interpretan como parte de la personalidad a las cuales los otros individuos deben acostumbrarse.

3. Es usual encontrar casos en los cuales las personas afectadas se enganchan en una relación enfermiza de dependencia con el agresor y crean un círculo vicioso de perdón tras perdón, mediante el cual se acostumbran a ser abusadas.

4. Generalmente el agresor descubre una suerte de satisfacción en el sometimiento de su víctima y el abuso se convierte en un hábito.

¿Qué podemos hacer ante esta situación?

1. Nunca consideres que ser abusado física o emocionalmente es algo normal. Todo lo contrario, es una situación absolutamente irregular que puede traerte consecuencias extremadamente negativas y daños irreparables.

2. La violencia doméstica se convierte en un estilo de vida y genera confusión, al mismo tiempo que te bloquea emocionalmente y te paraliza.

3. Puede producir un sentimiento de culpa que, lejos de ayudarte a buscar una solución, te involucra de forma sorprendente.

4. Ante los casos de violencia doméstica es muy importante buscar asesoría adecuada y ayuda profesional,

tanto para la persona que la genera como para aquellos quienes sufren sus efectos.

5. Nada ni nadie justifica este tipo de abuso, por lo tanto, nunca se debe excusar este tipo de actos. Ni los padres ni los hermanos, ni siquiera tus hijos serán un motivo suficiente para excusar al agresor.

6. Acude a los organismos competentes cuando estimes que corres riesgos. Dichos organismos pueden emitir medidas de protección para ti y para los tuyos.

Uno de mis propósitos con este libro es que puedas comprender aquello que se entiende por familia disfuncional: es un grupo familiar desintegrado por diversas razones, en el cual no se establece la estructura ideal o tradicional de la familia. Es decir, nos encontramos con casos en los cuales no existe la figura del padre o de la madre, y también casos en los que, aun teniendo esta presencia, la relación familiar adolece de los parámetros normales en las relaciones entre sus integrantes, pudiendo generarse situaciones como el abuso infantil, la violencia doméstica, el alcoholismo, el uso de drogas, la depresión y el abandono.

Todos hemos conocido directa o indirectamente estos casos que encierran historias muy tristes en cuanto a la convivencia de los integrantes de una familia en particular y, lo que es peor, en cuanto a las consecuencias que estas circunstancias producen en los miembros de la familia, especialmente en los niños. Desafortunadamente, el mundo en el que vivimos ha multiplicado la disfunción de la familia y, a nivel de educación familiar, no se ha hecho lo suficiente o no se han logrado mejores resultados. Ahora nos corresponde alzar la bandera de la unidad familiar y, dentro de nuestro ámbito de acción, luchar y contribuir a mejorar la situación de tantos seres humanos y de niños expuestos a situaciones fuera de control y a veces a daños irreversibles.

Pero ¿por dónde empezar? Es necesario empezar por uno mismo a fin de repasar nuestros conceptos, nuestros valores y errores y encontrar la manera de fijar como prioridad en nuestro propósito de vida la defensa del valor familiar. También es imprescindible reconocer la situación de nuestra propia familia directa y aquellos casos en familias indirectas que puedan servirnos de referencia y de motivación para apoyar acciones dirigidas a restablecer y mejorar la relación entre los miembros de ese núcleo familiar, dando así el verdadero valor al concepto familia.

Muchas veces una familia es disfuncional porque alguno de sus miembros en el liderazgo —sea el padre o la madre— proviene a su vez de una familia desarticulada y ha tenido como referencia patrones de conducta y de convivencias erróneas e inaceptables. Aquí aplica la relación causa y efecto, en otras palabras: aquel que fue víctima algunas veces se puede convertir en victimario. Esta persona que estuvo expuesta a la injusticia, a la violencia y a un modelo negativo, inconscientemente puede copiar y representarlo en su propia vida.

Hay innumerables casos en los que la familia disfuncional permanece durante algún tiempo en esa condición, convirtiéndose en un grupo totalmente resignado a vivir de esa manera. Un grupo que carece de opciones para evaluarse en el contexto de buscar soluciones pierde el sentido de superación familiar. En otras palabras, les resulta cómodo convivir de esa manera sin encontrar remedios a sus males. El miedo, la violencia y la agresión producen situaciones muy difíciles que incapacitan a las víctimas a buscar soluciones.

Es sumamente necesario plantearnos qué hacer para implementar algunas soluciones en el proceso de defender el valor familiar:

- Si formas parte de una familia disfuncional directa o indirectamente, es prioritario buscar ayuda profesional. Un primer paso es acudir a organizaciones comunitarias o espirituales para plantear el caso y recibir asesoría acerca de la situación que atraviesas.
- Debes desarrollar una actitud valiente y decidida para pacientemente lograr resultados. Seguramente ayudarán algunas terapias y consultas psicológicas que con el tiempo involucren a la familia en un trabajo de equipo. Todos tendrán que poner de su parte y aprender con ajustes a participar en el proceso.
- La perseverancia es clave, ya que estos procesos no dejan de ser dolorosos, y muchas veces tristes, para quienes los viven, pero hay que pensar que algunos integrantes están en mejores condiciones que otros, por lo que se encuentren más dispuestos o equipados emocionalmente para combatir. No obstante, esto no exonera a nadie del sufrimiento personal ni indica que se podrán superar los obstáculos más rápido.
- El manejo de los hijos es muy importante. Tal vez tengas que enseñarles a interpretar lo que ven y lo que viven para que esta interpretación sea positiva y puedan creer en un mundo mejor para ellos. Es importante que por medio de la ayuda especializada puedan ser atendidos debidamente. No pienses que lo que ven y viven lo olvidan fácilmente, ellos almacenan vivencias que pueden ser muy tóxicas a futuro.

- Es posible que a veces no se logren resultados ideales y no se reunifique a la familia porque es mejor no reanudar una relación con quien fue tu agresor. Quizás nunca acepte su crimen o agresión, y en otros casos, a pesar de aceptarlo y pedir perdón, la víctima no está dispuesta a comenzar o seguir una relación con esa persona. Lo que no debes olvidar es que no se trata de que te pidan perdón, lo que sí es vital es perdonar como un ingrediente clave en tu proceso de sanación y liberación personal.

- Las heridas que no se tratan adecuadamente a través del perdón producen amargura que incapacita a la persona para recuperarse, cargando entonces de por vida con esa maleta llena de dolor. La falta de perdón es la raíz de innumerables problemas o enfermedades emocionales, psicológicos, espirituales y hasta físicos, que se han demostrado hoy en día.

- La fe y la esperanza son fundamentales en estos casos, ya que es únicamente a través de Dios que podremos perdonar. Solos será imposible, porque el verdadero perdón proviene de Él.

- Poner la confianza en Dios para obtener paz y fortaleza es esencial en la adversidad. Siempre se abrirá un canal más amplio para perseguir el bienestar de todos. La adversidad viene en distintos empaques, ya que muchos compartimos estas circunstancias. Cada familia tiene sus características, pero lo importante es mantenerla alejada y libre de vivir las experiencias dolorosas de una familia disfuncional.

Como seres humanos, debemos luchar para alcanzar otro nivel de bienestar espiritual; eso es lo más importante. A través de los capítulos de este libro iré contando mis experiencias y las herramientas que me han sido útiles para sanar y lograr una familia armoniosa al lado de mi esposo por ya treinta años. Te contaré lo que hemos transmitido a nuestros hijos, hoy ya adultos, por medio del aprendizaje que Dios nos dio como familia y lo que ahora ellos como hombres de Dios pueden hacer con sus existencias, y en un futuro como esposos y padres de sus propias familias. Espero estar allí para ver a mis nietos y disfrutar de lo que Dios me permita vivir al seguirlo a Él, al ponerlo como prioridad en mi vida y en mi familia.

Tú también lo puedes hacer, y te animo a lograrlo y a seguir Su camino, pues será la única manera de poder ser testigos de la transformación de nuestras profundas heridas llenas de tristeza, en marcas de bendición para nuestra propia vida y para aquellos que podamos impactar e inspirar en nuestro recorrido por este mundo, que es largo en experiencias y muy corto en el espacio del tiempo y la eternidad.

Si quieres entenderlo mejor, te invito a leer en la Biblia Efesios 4:31-32 lo que la Palabra de Dios nos dice sobre lo que es tener un espíritu no perdonador. Allí Pablo describe con claridad las manifestaciones nocivas que se desarrollan al no perdonar, como la amargura, el enojo, la ira, la gritería y la maledicencia. Por eso, el perdón es sanar, y Dios quiere que sanes. Dios nos dio esa inmensa oportunidad de perdonar para seguir viviendo a pesar de las profundas heridas que tengamos a lo largo de nuestra existencia.

No podemos cambiar ni olvidar lo que pasó, pero, así como yo, tú puedes atenuar tus marcas con la gracia de Dios.

¡Atrévete
a cerrar tus heridas
y atenuar tus marcas!

CAPÍTULO 2:

El valor de las emociones

MIS EMOCIONES FAVORITAS SON EL optimismo y la alegría, siempre las utilicé como un antídoto para enfrentar mis tristezas. Quienes me conocen saben que digo la verdad. En efecto, mi familia considera que han sido unos de los más efectivos y poderosos ingredientes para nuestro bienestar como grupo familiar. Es fascinante e increíble que justamente hoy, sentada frente a mi computadora al escribir este capítulo sobre el valor de las emociones, las mías propias están al máximo de su capacidad. Tengo una inmensa alegría y un sentimiento que no puedo ocultar. Mi corazón ha incrementado sus latidos y siento que ya no está dentro de mi cuerpo, porque late en mis propias manos. Mi cara es un mosaico de expresiones, lleno de sonrisas y al mismo tiempo brotan lágrimas de mis ojos por la expectativa que un gran sueño puede estar a punto de hacerse realidad. Y con mis emociones a flor de piel, también siento que mi espíritu está exaltado. Para mí, la exaltación del espíritu es la expresión emocional más relevante, aunque no se tome en cuenta a la hora de definir los sistemas de respuesta emocional. Sin embargo, descubrí en mí misma que todas las emociones que mi cuerpo no pueda controlar, mi espíritu *sí* puede al conectarse con Dios, quien ejerce control sobre las mismas. Aquí, frente a la computadora, agradezco a Dios a través de constantes oraciones llenas de emoción que solo se expresan en el espíritu, para darle la gloria a Él por todos los acontecimientos que comienzan a ocurrir en mi amada Venezuela durante el mes de enero del 2019. Todos los venezolanos, dentro y fuera de mi país, estamos sintiendo un entusiasmo que nos brota por los poros y una nueva esperanza que renace en el corazón de cada hermano venezolano: la oportunidad que nunca hemos perdido de recuperar la libertad en nuestro bello país.

Cuando escribí mi primer libro, *La belleza de saber vivir*, se vivían momentos complejos con circunstancias y emociones muy diferentes a las que siento ahora: tristeza, desesperanza y un aterrador sentimiento de injusticia. En aquella época ya tenía viviendo en los Estados Unidos 9 años, ya que emigré con mi familia en el año 2000, tras una difícil decisión. Dios puso en mi espíritu que debía dejar el país que tanto amo, porque se pronosticaban épocas muy difíciles, producto de ese gobierno nefasto con el que nunca estuve de acuerdo. Sin duda alguna en mi corazón, estaba segura de que ese grupo que se apoderó de mi país en 1999 tomaría las riendas para secuestrar el corazón del pueblo. Poco a poco lo fue destruyendo todo, con el único deseo de ver morir a Venezuela, llevándola a una pobreza absoluta y dejándola sin ninguna esperanza en su deseo de volver a ser una nación libre. La mayoría de mis conocidos, al contarles los motivos de mi decisión de partir a otro país, no veían la posibilidad de que ocurriera lo que yo decía. Claro, yo estaba convencida de que ciertamente iba a suceder. Ni siquiera podían imaginarse que el futuro inmediato de Venezuela estuviera cargado de tanta destrucción. En ese entonces, éramos una minoría los venezolanos que veíamos con certeza lo que venía, porque la gran mayoría subestimaba la idea de que un país como Venezuela, con tantos recursos y ventajas, pudiera llegar a ser como Cuba o como cualquier otro país bajo el manto del horror de una dictadura. En efecto, estoy consciente de que era muy difícil imaginar lo que ocurriría. No obstante, Dios en Su misericordia me permitió sentirlo en mi corazón y me dio un espíritu de discernimiento.

Siempre he dicho que Dios creó a Venezuela como una obra maestra, ya que puso de Su tintero celestial los más exquisitos colores para trazar la belleza inigualable de la naturaleza. Venezuela cuenta con montañas sublimes, exuberantes selvas tropicales, playas paradisíacas, inmensos lagos, ríos caudalosos, preciosas cascadas, y se destaca mundialmente por tener la catarata más alta del mundo: el *Salto Ángel*. Tanta belleza dibujada en el lienzo no fue suficiente para Dios, por lo que siguió pintando trazos majestuosos con sus pinceles, creando también lagunas, pantanos, extensas sabanas, médanos, nevados, fauna y una colorida flora que refleja toda Su divina creatividad.

El resentimiento: la semilla de la devastación

Por años, muchos se han preguntado qué pasó en la mente de los venezolanos a la hora de elegir a Chávez como presidente y por qué, después que la muerte fuera la única capaz de arrancarlo de la silla presidencial, permitimos que su legado siguiera y su resentimiento permaneciera, secuestrando así la libertad y la justicia por todos estos años. Es de gran complejidad explicar cómo una persona sin preparación para ser presidente y sin ninguna experiencia en la política llegó al puesto de mayor relevancia en la conducción de un país. Estoy segura de que se seguirán haciendo muchos estudios y análisis acerca de esa tiranía. Mi finalidad aquí es mencionar brevemente cuáles fueron las emociones que condujeron a los venezolanos a tomar la decisión de elegir a una persona como él como mandatario del país. Nada indicaba a finales de los noventa que un militar quien provocó un intento de golpe de estado y quien estuvo vinculado por años con políticas comunistas y dictaduras pudiera llegar a estar en la intención de voto en la mente de ciudadanos que vivían en democracia y tenían todas las posibilidades de convertir a Venezuela en un país de ensueño.

Todavía recuerdo las palabras del afamado historiador y director de cine venezolano, Carlos Oteyza, quien en repetidas oportunidades en entrevistas y documentales afirmaba que "El sentimiento doloroso y la falta de racionalidad le dan sustento al resentimiento".[1] Oteyza argumenta que el resentimiento fue la causa principal por la que una mayoría de venezolanos apoyaron cabalmente a una persona tan negativa y otros simplemente se mantuvieron indiferentes o indolentes ante tantas injusticias durante veinte años.

Dicen los especialistas que el resentimiento tiene origen en aquella herida o agravio, coyuntural o permanente, que

---

1. Frédérique Langue, "Un Pasado que no pasa: Emociones y salvación en la Venezuela del tiempo presente", *Boletín Americanista*, no. 72 (2016): 241.

no ha sido o no puede ser curada. El resentimiento sería un revivir permanente de aquel sentimiento doloroso que no encuentra cómo desquitarse de quien le causó el daño, para manifestarse luego en contra de cualquier otro. El resentimiento no se maneja en el campo de la racionalidad, partiendo de allí se hace más fácil comprender que tantos venezolanos apoyen a ultranza o sean indiferentes, frente a las políticas de empobrecimiento que están estrangulando al país.[2]

Creo definitivamente que las emociones extremas como el resentimiento, la indiferencia o la indolencia formaron parte del conjunto de causas por las que mi país comenzó de forma lamentable a caminar por un sendero lleno de injusticias, maldad, confusión y temor. Todo esto produjo que, durante los últimos veinte años de tiranía del gobierno que mantuvo a mi país preso en dolor, se desataran terribles consecuencias como hambrunas y enfermedades. Poco a poco y de forma sigilosa, la tristeza entró en los hogares venezolanos, secuestrando así la esperanza y la fe del corazón de todo un país.

Hoy, a través de los acontecimientos tan sorprendentes que están ocurriendo en mi país, veo una probabilidad de un nuevo capítulo en el mapa de la historia venezolana; una oportunidad de comenzar desde cero; una posibilidad de rescatar a Venezuela de las ruinas. Todo esto me recuerda que, en mi vida de joven, Dios me levantó de las ruinas numerosas veces. Mis emociones estaban colapsadas, producto de los abusos sufridos por la violencia doméstica. Dios me rescató y me dio la oportunidad

---

2. Carlos Oteyza, "¿Comunistas?", *El Instituto Independiente*, 4 de agosto de 2010, https://independent.typepad.com/elindependent/2010/08/comunistas.html.

de sanar mis emociones, y fue entonces cuando me percaté de la gran importancia del valor de las emociones. Esta experiencia me lleva a considerar que, cuando Dios nos conceda la libertad de Venezuela, la tarea mayor será sanar las emociones de nuestra gente para luego iniciar la reconstrucción del país. Mi oración y deseo es que Venezuela pueda levantarse y que Dios sane a este pueblo de tantas enfermedades y desastres económicos, para así lograr implementar la justicia perdida y acabar con la corrupción. Mi oración es que los venezolanos, después de tantos años de sufrimiento, rescaten la capacidad de vivir en una verdadera y sana democracia. Con todo, quizás exista un mayor trabajo que conlleve más tiempo: la reconstrucción emocional del ciudadano, quien en los últimos años ha acumulado profundas heridas por todo lo vivido, con tanto terror e injusticias. Al igual que en otros países, la maldad arruina todo a su alrededor, pero no podemos olvidar que Dios puede transformar las ruinas y convertir la adversidad en prosperidad. Así como lo puede hacer con mi país, Dios puede transformar nuestras ruinas personales en el plan que soñó cuando nos dio la existencia. Nunca lo dudes, pues para Dios todo es posible.

Es vital estar consciente del valor de las emociones, porque, en el caso de las emociones negativas o extremas, como el resentimiento, pueden dejarte de por vida con una herida abierta que no se cura por sí sola. Esas heridas, además del dolor que siguen produciendo, pueden llegar a destruir tu vida o la de los que estén a tu alrededor. Solo las promesas de Dios en Su Palabra te pueden sanar. Una herida abierta en nuestro corazón, sin recibir el tratamiento del perdón, puede convertirse en resentimiento, para después convertirse en ira. Alguna vez leí que "el resentimiento es como tomar veneno esperando que la otra persona muera". Dios nos dice claramente en la Biblia que la ira es la obra del maligno en nuestra vida (Efesios 4:26-27, 32). En definitiva, el resentimiento y la ira dañan profundamente la salud emocional, inhabilitando el crecimiento espiritual y el bienestar personal.

En 2013 salió al mercado mi segundo libro, *Lejos de mi sombra, cerca de la Luz*. Este libro habla sobre la importancia de reconocer las emociones por su nombre y lo que estas pueden producir al gobernar nuestros pensamientos, sentimientos y acciones. Las emociones negativas definitivamente pueden convertirse en tu sombra diaria, secuestrando así lo positivo que Dios puso en ti, limitándote a buscar las oportunidades para que puedas lograr superarte en todas las áreas de tu vida. Las emociones negativas no identificadas, sin darse cuenta, se dejan crecer y poco a poco se apoderan de la naturaleza del individuo y se convierten en lastres y cadenas, adhiriéndose al carácter y a la personalidad. A su vez, esto produce una enfermedad silenciosa que va limitando a la persona, impidiéndole progresar, manteniéndola aferrada a su propio ser y a su propia sombra, para que nunca más pueda vivir en libertad.

El resentimiento se refleja en diversos sentimientos y actitudes: por ejemplo, la hostilidad hacia una persona, la amargura anclada en el pasado, el enfurecimiento o la incapacidad para perdonar. El resentimiento es como una persona que vive en un estanque y no puede salir porque no se ha dado cuenta de que ha caído en él. A la persona que vive bajo el yugo del resentimiento le es muy difícil enfrentar la vida en su justa dimensión. El resentimiento acaba dañando a la persona que lo sufre y, peor aún, a todos aquellos que están a su alrededor, llevándolos a vidas dominadas por la desesperanza y la amargura.

Optimismo ante la desesperanza

Dios sana de *verdad*. Tal vez parezca imposible ahora creerlo porque el mundo o tus circunstancias dolorosas te han hecho pensar que Dios te ha abandonado. No me refiero solo a las heridas causadas por la violencia doméstica o abusos durante la infancia, también me refiero a otra infinidad de situaciones complejas por las que pudieras estar pasando o que ya quedaron en un ayer: divorcio, traiciones, pérdidas económicas, la muerte de alguien querido, enfermedades, tragedias naturales, etc. Son situaciones que, a pesar de que ya quedaron atrás, te siguen las pisadas y las arrastras con cada paso que das. No te dejan mejorar. No te dejan avanzar. No te dejan comenzar una nueva vida. Seguro te estarás preguntando por qué eso te ocurre a ti, pero, aunque parezca complicado, la respuesta es sencilla. Las circunstancias difíciles nos conducen a tomar el camino de la desesperanza, a creer en un mundo sin ilusiones y a convertirnos en seres humanos controlados por la sensación del mal, la tristeza y lo negativo.

Cuando hablamos de situaciones difíciles, inmediatamente lo primero que hacemos es relacionarlo con lo que nos ocurre a nosotros mismos, pensando que esa dificultad o dolor solo toca a *nuestra* puerta. Por lo general decimos: *¿Por qué me ocurre a mí? ¿Qué hice para merecer esto? ¿Cómo podré salir de esa situación? Esto solo me pasa a mí y a nadie más; a todo el mundo le va muy bien y solo a mí me pasa lo que me pasa; Dios me ha abandonado; ¡Dios no me escucha!*

Sin embargo, cuando hacemos el esfuerzo de salir de nosotros mismos —ya que por lo general nos concentramos en nosotros mismos y en nuestras propias circunstancias y dificultades— nos damos cuenta de que no solo uno tiene dificultades, sino que el mundo es un lugar de completa dificultad. Por el contrario, cuando fijamos nuestra atención en el prójimo, encontramos que todos nosotros pasamos por momentos difíciles, de alguna u otra forma.

Por ejemplo, veamos estos datos oficiales y actualizados en 2017 y 2018 de diferentes organizaciones en el mundo: DAES (Departamento de Asuntos Económicos y Sociales, División de Población), OCDE (Organización para la Cooperación y el Desarrollo Económico), ONU (Organización de las Naciones Unidas), UNESCO (Organización de las Naciones Unidas para la Educación, Ciencias y Cultura).

La población mundial consta de 7.300 millones de habitantes, y de estos:

- Hay 244 millones de migrantes repartidos en el mundo por diferentes situaciones. Las más resaltantes son: la trata de personas, falta de trabajo y búsqueda de refugio y asilo.
- Cada minuto que pasa, un promedio de veinticuatro personas en los Estados Unidos sufre violencia doméstica, incluyendo acoso y violaciones. Esto nos da una cifra promedio de 12 millones de víctimas anuales que sufren las consecuencias de la violencia doméstica. Es difícil imaginar las cifras mundiales si esta estadística solo es de EUA.
- Según las investigaciones de salubridad, encontramos que el 95 % de la población del mundo tiene algún problema de salud y solo el 5 % tiene una salud de hierro. En muchos casos hay personas que sufren de cinco enfermedades a la vez.
- Según la ONU hay 300 millones de personas en el mundo que no existen. Es decir, que no aparecen en las

estadísticas porque son indocumentados o invisibles, ya que viven en zonas tan pobres a donde no llegan ni siquiera los encuestadores.

- Existen 750 millones de personas que viven en extrema pobreza.
- Hay 300 millones de personas en el mundo que sufren de depresión. La depresión es la principal causa mundial de discapacidad, y se dice que afecta más a la mujer que al hombre.
- Y, para concluir, lamentablemente hay 821 millones de personas que padecen hambre, y más de 150 millones de niños sufren retraso en su crecimiento.

Con esto podemos afirmar que existen millones de dificultades en el mundo. Si pudiéramos diseñar una vida ideal, es obvio que la mayoría de las personas evitarían pasar por momentos de dificultad o adversidad. Pero la Biblia nos enseña que Dios tiene un propósito para las tormentas de la vida. En definitiva, los golpes de la adversidad son muy amargos y, por lo general, toda dificultad, tristeza, tragedia e injusticia produce amargura. La amargura hasta cierto punto es "natural" porque es un sentimiento que aflora de nuestra naturaleza y necesitamos fe en Dios para vencerla y desecharla, ya que de lo contrario trataremos de dirigir nuestra amargura hacia Dios, culpándole por nuestra situación. Así, lo que ocurre en consecuencia es que terminamos o interrumpimos nuestra relación con Dios.

¿Qué ocurre entonces? La amargura no nos permite escuchar la voz de Dios ni entender lo que el Espíritu Santo nos indica. En cambio, solo escuchamos lo que el mal pretende que creamos: *Tú eres el único que pasas por esa situación y Dios te abandonó a tu propio destino.* Eso es lo opuesto a la verdad. Dios sigue allí esperando darnos Su consuelo para darnos la fuerza y las herramientas para superar el momento.

En estos días he leído sobre los indígenas de Estados Unidos. Se dice que algunas tribus tenían un ritual muy especial para que los niños cruzaran la etapa de la adolescencia hacia la adultez. Así era el rito según he leído:

Cuando un muchacho entraba en la adolescencia, pasaba una noche especial en el bosque. Su papá lo dejaba allí solo, con los ojos vendados, y el chico debía quedarse sentado esperando hasta el amanecer. Tenía que sentarse y aguantar, sin pedir ayuda a nadie. Tras sobrevivir a esa noche de prueba, se le consideraba ya un hombre. Los detalles del rito tenían que mantenerse en secreto, el joven no debía comentarlo con nadie de su edad. Tenía que enfrentar los temores naturales a la oscuridad, la soledad y la naturaleza a solas. Así era el proceso de hacerse hombre según su tribu. Una vez superada la noche, el que ahora es hombre se quita la venda y se da cuenta de que su papá, que se suponía que estaba lejos, estaba allí cerca vigilándolo en todo momento, por si acaso.

¿No es nuestro Padre celestial como ese padre en el bosque, vigilando a su hijo? Aunque nos permite pasar por dificultades aterradoras, nunca deja de velar por nosotros. Es como dice Salmos 101:6: "Pondré mis ojos en los fieles de la tierra, para que habiten conmigo" (NVI). Nos esforzamos a serle fiel a Dios, y Él se mantiene siempre pendiente de nosotros.

Ese "momento" de adversidad puede ser largo o corto, dependiendo de la voluntad de Dios y de nuestra fe en Él. Lo cierto es que necesitamos aprender, tomar acción y tener paciencia —palabra de mucha riqueza espiritual— para que Dios abra las puertas al cambio.

La ausencia de Dios trae ruina. El mundo vive en una profunda ruina de valores y una terrible ausencia de fe, por lo que muchos son "presos" de la amargura y no pueden ver que somos llamados a ejercer cambios. Somos misioneros en esta tierra. No estamos aquí para llenarnos de amargura con lo que nos ocurre a nosotros; estamos aquí para transformar lo que nos ocurre a nosotros en bienestar para otros.

El optimismo abre los caminos de la esperanza, derriba murallas y genera fuerza interior para mirar el horizonte por encima de las circunstancias. En mi experiencia personal, la alegría y el optimismo han sido unas de mis mayores bendiciones, teniendo claro que no en todo momento de nuestras vidas podemos estar alegres, debido a las circunstancias negativas y complejas por las cuales atravesemos. No obstante, es posible tener gozo para superar las mismas.

El optimismo ha sido en mi caso un gran compañero de vida, un escudo de protección que ha impedido que la tristeza o los problemas de la vida obstaculicen mi deseo de ver un futuro mejor, encontrando soluciones día a día. Estoy convencida de que Dios nos concede el don del optimismo para que nos sobrepongamos a las dificultades y podamos extraer de nuestro interior todo el torrente de ilusión. Así avanzamos con entusiasmo, vitalidad y convicción de que lograremos alcanzar las soluciones más idóneas en cada ocasión. Esto producirá un mayor fortalecimiento y una mejor definición de la confianza personal, lo cual reflejará valentía y determinación en la toma de decisiones precisas en un tiempo justo.

Ser una persona optimista nos da la facilidad de olvidar las cosas negativas a las que nos hemos tenido que enfrentar. Así, evitamos convertirlas en maletas pesadas que hemos cargado toda nuestra vida. Con la ayuda de Dios, esas situaciones se transforman en experiencias valiosas para el crecimiento y el desarrollo espiritual.

Consejos que te ayudarán a ser optimista:

- Cuando enfrentes situaciones difíciles, no veas en tu mente una película de terror, y piensa por el contrario que todo pasará.
- En medio de las dificultades, no abras el "cofre" de todas las malas experiencias que te ocurrieron en el pasado, pensando que este nuevo problema va a ser igual a los anteriores. Toda situación es diferente y necesitamos enfrentarla con fortaleza.
- Transforma tu manera de ver las cosas. Cambia la forma en que estas te podrán afectar o impactar.

No es nada fácil tener gozo cuando nos hallamos en medio de las pruebas. No obstante, *sí* es posible. Lo imposible es escapar de las pruebas. Estas pueden ser improvistas y sorpresivas, por lo que generalmente no estamos preparados para recibirlas. Cuando se presentan, a menudo nos preguntamos: *¿Cuál es el propósito principal de estas pruebas?* Descubrí a través de mi relación con Dios que las pruebas son eminentemente la mejor oportunidad para demostrar nuestra fe. Dios nunca nos ha ofrecido una vida fácil y mucho menos en este mundo caído, con grandes vacíos y con tanta necesidad de rescatar valores y principios. De hecho, algo que tenemos claro desde el mismo momento del nacimiento es que la vida es dura, duele y la escuela de la experiencia lo confirma.

También descubrí en mi relación con Dios que perdonar te permite liberarte cuanto antes de las consecuencias del dolor que produce una herida abierta. Te aseguro por mi propia experiencia que ningún tipo de herida emocional sanará por sí sola. Dios sí puede sanar tus heridas por completo; lo hará con el amor que no has sentido; te dará la confianza que te robaron; también te dará la fuerza que pensaste que no tenías para vencer el miedo —ese que te golpea en tu autoestima cada vez que quieres soñar con un futuro mejor. Infinidad de veces el ser humano se ha preguntado: *¿Dónde está Dios cuando sufro?* La respuesta es que Dios está *allí* en la misma herida, donde más nos duele. "Mas él herido fue por nuestras rebeliones, molido por nuestros pecados; el castigo de nuestra paz fue sobre él, y por su llaga fuimos nosotros curados" (Isaías 53:5). Dios sufre con nuestro dolor y actúa a nuestro favor, aunque tú creas que no te escucha o que te ha abandonado.

Hoy todos nosotros estamos llamados a ser los "hacedores de cambio" de la mano de Dios, sin miedo, por el contrario con valentía, con voluntad, en obediencia a Dios y no a lo que los hombres dicen. Tenemos que recordar a los héroes de la fe —su entrega, su dedicación, su disciplina, su pasión por compartir la Palabra, su altruismo. Me refiero a actuar como la reina Ester cuando enfrentó su miedo y dijo: "y si perezco, que perezca" (Ester 4:16). Esto lo dijo con el objetivo de salvar y defender a su pueblo judío.

En mi caso, a través de la Palabra de Dios descubrí mi propósito, mi misión de vida: inspirar a otros a descubrir la belleza de la vida a través de nuestra relación estrecha y constante con Dios. Fue así que al mirar el dolor de otras personas que piensan que Dios no está con ellas comencé a dar charlas y conferencias y escribí tres libros. El primero tiene una metodología que yo creé con base en mi experiencia personal que consta de nueve pasos para alcanzar la excelencia personal. Mi segundo libro, como ya mencioné, trata sobre los problemas emocionales y de cómo estos afectan nuestra vida y qué podemos hacer para renunciar a vivir con su sombra. Mi tercer libro, este que tienes en tus manos, lo empecé a escribir inspirándome en ti, con el fin de ayudarte a cerrar esas heridas que llevas abiertas por años y no has podido sanar sola.

Mi consejo es que no dejes que la amargura ocupe el lugar de Dios. No permitas que el dolor se convierta en resentimiento. También recuerda que tu trato a los demás es un indicador de tu propio nivel emocional. Por ejemplo, una prueba de autocontrol en tus emociones es cómo respondes cuando los demás te hablen con rencor. Si no hay resentimiento en ti, entonces no hablarás con el mismo rencor con que te hablen. No me refiero a que uno no debe defenderse, sino al *cómo*. Es decir, debes reconocer ser fuerte emocionalmente, rechazando adquirir el mal del otro o la posibilidad de ser influenciada por las malas reacciones que son producto de lo que otra persona vive o siente. Es probable que esa persona arrastre sus propias heridas y las descargue en ti.

Si mantienes a Dios en el centro de tu vida con todas sus verdades, aunque te cueste escucharlas y entenderlas en su totalidad, lograrás salir adelante. No debes dejar espacio para la duda y, en dado caso que la tengas, escucha lo que Él tiene que decirte. Aprende de Él. Informarte sobre Él. Averigua e investiga. Pero no insistas en pensar que la vida es como *tú* la defines. Nuestros corazones nos engañan. Solo la Biblia nos permite ver la auténtica verdad. Los golpes de la adversidad son muy amargos, pero nunca son estériles.

Amiga, no dejes de soñar y de imaginar. Pero, ante todo, no dejes de perseverar en la misión que Dios tiene para ti.

Recuerda, los enemigos tienen que vernos diferentes, pero *no* porque somos mejores (no lo somos), sino porque reflejamos la luz del Vencedor, de nuestro Abogado, de nuestro Defensor, de nuestro Redentor, la luz de nuestro Padre, de nuestro Señor Jesús y del Espíritu Santo. Es hora de unirnos, es hora de poner a Dios como el Rey de nuestras naciones y el Rey de nuestra vida. Dios cuenta contigo como un guerrero espiritual aquí en la tierra.

¡Atrévete
a darle valor a tus emociones!

CAPÍTULO 3

La verdadera inteligencia espiritual

CUÁN AFORTUNADA FUI CUANDO DESCUBRÍ la inteligencia espiritual. En efecto, es un descubrimiento y es una gran victoria saber que existe. No tiene límites ni horizontes. No tiene prejuicios humanos. No pertenece a una época o a un movimiento. No es un descubrimiento de la ciencia o el resultado de la suerte. Y qué infortunio, me di cuenta de que pasaron muchos años sin saber claramente de su existencia. El saber que pude haberla utilizado en tantas situaciones difíciles y complejas con las que he tenido que tropezarme me produce una profunda reflexión y una tristeza poco común.

Miro hacia atrás, aunque no es algo que hago con frecuencia, porque soy una persona que vive el presente. Soy una optimista comprobada, pues aprendí a mantenerme optimista y conozco muy bien cómo hacerlo. Me convertí en una experta, por eso doy talleres, charlas y conferencias sobre el optimismo y sobre otras herramientas importantes de crecimiento integral. Sin embargo, a veces es necesario mirar hacia atrás y reflexionar cómo hicimos las cosas, por qué las hicimos, cuáles fueron las consecuencias positivas o negativas de esas acciones y cómo podemos tener presente ese aprendizaje para utilizarlo de manera inteligente en situaciones nuevas o muy parecidas que nos toquen enfrentar.

Viendo en retrospectiva, me doy cuenta de que he perdonado situaciones del pasado que dejaron cicatrices. Sí, solo me quedaron las marcas, porque el dolor lo superé y no me permití quedarme atada a ese pasado. Sin embargo, a pesar de haber aprendido a perdonar, uno nunca olvida. Es casi imposible olvidar momentos duros, trágicos, difíciles y penosos donde el dolor y el sufrimiento hicieron huecos profundos en el corazón, anidándose en el pensamiento. Lo que sí es posible es evitar seguir siendo afectada por estas, cuando realmente logramos perdonar y perdonarnos.

Desde hace tiempo he sabido intuitivamente que existe una inteligencia mucho más profunda, más densa, más importante, más necesaria y vital. Sin embargo, no contaba en esos momentos con alguien que me pudiera guiar para comprender ese sentir y poder entenderlo. Por eso quise escribir y dedicarte este libro, porque yo estuve allí, quizás donde tú estás ahora mismo preguntándote si existe otro tipo de inteligencia más allá de lo que conocemos. ¿Acaso hay una inteligencia que no esté localizada en nuestro cerebro u otra diferente a la inteligencia emocional? La inteligencia emocional es un concepto que revolucionó los años noventa, evidenciando la importancia de lograr desarrollar la capacidad para comprender cómo manejar las emociones propias y las de las otras personas que interactúan en nuestra vida. Entonces, seguro que te estarás preguntando, ¿existe otro tipo de inteligencia que no sea la intelectual o emocional, una inteligencia que sea provista por el Espíritu?

Somos seres únicos y cada vida con sus experiencias y vivencias es única, pero dentro de las historias hay situaciones que se repiten en la vida de personas de diferente cultura, raza o condición social. Hay personajes muy parecidos que se presentan en la existencia de otras personas de manera positiva o negativa. Existen expectativas muy similares, al igual que los sueños, las esperanzas, los amores o los infortunios que también se pueden parecer. De repente los mismos dolores y alegrías nos permiten compararnos o solidarizarnos con otras personas. Posiblemente podemos pasar por las mismas tragedias, y quizás, en diferentes etapas de la vida, acontecimientos muy similares a los de otros individuos nos hacen sentir que muchos, si no es que todos, atravesamos por las mismas situaciones. Sin embargo, a pesar de todas estas posibles coincidencias, nuestra vida es y seguirá siendo única.

Y, como nuestra vida es única, es vital entender las diferentes áreas de nuestro ser que usamos con toda nuestra intención, utilizando y aumentando en capacidad. Por eso es vital conocer realmente estas herramientas con las que Dios nos ha dotado.

La inteligencia, según dice en Wikipedia, se describe como "la capacidad de generar información nueva combinando la que recibimos del exterior con aquella que disponemos en nuestra memoria". Se trata de una capacidad general que implica dos factores: el pensamiento abstracto dirigido hacia la resolución de problemas o la capacidad de adquirir conocimientos. La palabra *inteligencia* proviene del latín *intellegere*, término compuesto de *inter* ("entre") y *legere* ("leer, escoger"). Esto nos explica que el origen etimológico del concepto inteligencia hace referencia a aquel quien sabe elegir. Por lo tanto, la inteligencia permite elegir las mejores opciones para resolver una cuestión o problema.

La APA (American Psychological Association), una organización científica y profesional de psicólogos de Estados Unidos, lo expuso así:

> *Los individuos difieren los unos de los otros en habilidad de comprender ideas complejas, de adaptarse eficazmente al entorno, así como en aprender de la experiencia, en encontrar varias formas de razonar, de superar obstáculos mediante la reflexión. A pesar de que estas diferencias individuales puedan ser sustanciales, nunca son completamente consistentes: las características intelectuales de una persona variarán en diferentes ocasiones, en diferentes dominios, y juzgarán con diferentes criterios. El concepto de "inteligencia" es una tentativa de aclarar y organizar este conjunto complejo de fenómenos.*[1]

Siempre ha existido una gran polémica en cuanto a si la inteligencia viene predeterminada por los genes o si, por el contrario, el lugar o ambiente donde el individuo crezca y se desarrolle determinará la capacidad intelectual de esa persona. Hoy en día muchos psicólogos comparten la opinión que tanto la genética como el ambiente definitivamente juegan un importante papel en el desarrollo de la inteligencia de las personas.

De pequeña, y quizás a muy temprana edad para ciertos temas, argumentaba mucho con mi mamá sobre quiénes eran realmente

---

1. U. Neisser, G. Boodoo, T. Bouchard y otros, "Intelligence: Knowns and Unknowns", *American Psychologist*, 51 (1996): 77.

personas inteligentes. Mi madre admiraba la inteligencia, y en muchas oportunidades me dijo de manera dramática, como excelente actriz que fue, que ella no era inteligente. Recuerdo con mucho orgullo lo que me decían de mi mamá reconocidos directores de teatro de diferentes partes del mundo, los cuales fueron invitados a muchos festivales de teatro en mi amada Venezuela: "Barbarita, tu mamá es una gigante, ella es un monstruo de la actuación".

Claro, no me gustaba que compararan a mi madre con un "monstruo", sin embargo, con la tremenda emoción con que me lo decían entendía que su talento era maravilloso, fuera de lo común. Por lo tanto, comprendí que mi mamá tenía un gran talento para la actuación. La realidad fue que se destacó siempre en los innumerables personajes que tuvo la dicha de representar en la televisión, cine y teatro, durante las cuatro décadas que estuvo dedicada al arte de la actuación.

El talento de la actuación, como todos los talentos, es una habilidad especial que surge de manera natural, pues la persona nace con ese talento, aunque también puede desarrollarse con la práctica y el entrenamiento. Del latín *talentum*, la noción de talento está vinculada a la aptitud o la inteligencia. Es definitivamente una capacidad para lograr hacer algo, para aprender las cosas con facilidad o para desarrollar con mucha habilidad una actividad.

Mi mamá amaba la actuación, su talento era su todo. Respiraba y suspiraba por actuar. No le interesaba obtener o adquirir cosas materiales, y solo quería vivir para actuar, ya que solo su talento le daba sentido a su existencia. Ella en repetidas oportunidades me decía: "Baby, sería feliz si pudiera vivir dentro de un teatro, quizás en un cuarto pequeño detrás del escenario, sin muebles y solo con cojines para sentarme en el suelo y repasar mis líneas del libreto para ensayar, ensayar y volver a ensayar". Siempre me confesaba con pena y pidiéndome perdón que ella no había sido una persona estable emocionalmente como para haber tenido hijos. Fui su única hija y junto con ella fui también víctima de sus circunstancias, de sus traumas y conflictos. Mamá solo deseaba poder interpretar a cada personaje, convencida de que era su oportunidad de darles voz, forma, movimiento y sentimientos a sus "hijos artísticos". Ella imaginaba a sus personajes cuando leía los libretos y entonces adquirían vida. Incluso fuera del escenario seguían vivos y activos en el apartamento donde vivíamos solas ella y yo. Mi querida mamá le dio tanta vida a sus innumerables personajes, a pesar de que ella misma sintió incontables veces que su propia existencia no tenía vida.

Mamá fue muy inteligente y talentosa para el arte y para identificar las carencias o las angustias de las personas. Mi madre pensaba que, si ella hubiera sido inteligente, su vida hubiera sido exitosa a nivel profesional y personal. La raíz de sus problemas no radicaba en la falta de inteligencia o talento. Por el contrario, ella era muy talentosa. Su mayor desequilibrio era justamente no haber conseguido balance emocional. Mamá carecía completamente de inteligencia emocional. Mi añorada abuela materna, quien la crio en medio de muchas adversidades, no tenía idea de que mi mamá, producto de haber sido concebida a finales de la guerra civil de España, donde las condiciones de salud y el hambre torturaban la existencia de las personas, nació quizás con muchas deficiencias. Todo esto, sumado a las enfermedades que padeció hasta los cinco años y a las capacidades histriónicas desbordadas que dejaba traslucir a temprana edad, imitando personajes o haciéndose pasar por alguien que no era, produjo en mi madre un limitado manejo de control emocional.

A sus quince años, las batallas constantes con mi abuela por su deseo de ser actriz y la negativa de su madre la hicieron más vulnerable y más débil emocionalmente. También sufrió mucho la ausencia de un padre responsable, lo que condujo a mi abuela al divorcio. Por lo tanto, mi abuela fue quien, con muchos sacrificios, llevó las riendas de su casa sola y con dos hijas con las cuales cruzó el Atlántico para encontrar un paraíso como lo fue Venezuela donde se podía comenzar de nuevo, lejos de las penurias de la postguerra en España. Mamá logró su objetivo, se convirtió en actriz con estudios que mi abuela le pagó al convencerse de que, si no la enviaba a España a estudiar, mi mamá se escaparía persiguiendo su gran amor: la actuación. Luego vinieron los amores de pareja, donde buscaba la imagen de un padre o alguien que fuera superinteligente, porque era eso lo que admiraba y por eso lo buscaba con desesperación. Lamentablemente lo encontró, se unió y se casó con quien era muy inteligente, pero los grandes problemas emocionales produjeron mayores conflictos en el entorno familiar. Inmensas tristezas y frustraciones se llevaron por delante la vida personal y profesional de mi mamá. Esos dolores que invadieron mi hogar abrieron en mí profundas heridas que me enseñaron que, si no tomaba yo misma la decisión de buscar la solución para sanar y cerrar esas heridas, y que se transformaran de cicatrices a marcas, seguiría ese patrón de conducta produciendo un futuro borroso y confuso, con la posibilidad de pasar de víctima a victimaria.

Desde que somos pequeños empezamos a escuchar que, en la medida que nuestro coeficiente intelectual sea alto, en tal medida tendremos mejores oportunidades de alcanzar una vida de mayor calidad. En muchas ocasiones escuchamos: "Mientras más inteligente y preparado estés, mejor te irá en la vida". Sin embargo, paradójicamente, aunque la capacidad intelectual es un regalo exquisito para el ser humano, nos damos cuenta de que en muchos casos las personas más inteligentes no son siempre las que pueden llegar a vivir mejor.

Los resultados de estudios e investigaciones que suelo compartir en mis conferencias apuntan a que muchas de las personas que podríamos considerar "geniales" desde el punto de vista de su inteligencia son individuos con escaso bienestar personal.

Los psicólogos, investigadores y equipos de recursos humanos en las grandes corporaciones empezaron a detectar hace unas décadas que las capacidades y habilidades necesarias para tener éxito en la vida eran otras, las cuales no se pueden medir a través de ninguna prueba de inteligencia. Es necesario tener en cuenta una concepción más amplia de lo que son las habilidades cognitivas básicas, aquello que entendemos que es la inteligencia.

El trabajo de cientos de autores, investigadores, científicos y estudiosos de la materia nos ha permitido llegar a saber bastante acerca de la inteligencia y del poder que encierra el conocimiento combinado con los dones de cada ser humano. Se han realizado numerosos estudios del funcionamiento del cerebro, que han llevado al desarrollo de diversas teorías y definiciones acerca del coeficiente intelectual y la influencia que tiene en el individuo.

Desde entonces han comenzado a ganar terreno algunas teorías de la inteligencia que intentaban verla desde ópticas diferentes, como la teoría de las inteligencias múltiples de Howard Gardner, la teoría de Raymond Cattell que explica las diferencias entre inteligencia fluida y cristalizada, o la inteligencia emocional que popularizó Daniel Goleman. Este último sostiene que se solapan dos mentes distintas; una que piensa y otra que siente.

La inteligencia emocional nos ayuda a entender de qué manera podemos influir de un modo inteligente sobre nuestras emociones, es la posibilidad de interpretar con mayor acierto los estados emocionales de los demás y nos permite lograr la capacidad de adaptación a pesar de las circunstancias y cómo enfrentarlas sin perder el control emocional.

Definitivamente mis padres no conocieron que existía una inteligencia emocional, no supieron de los inmensos beneficios y mucho menos cómo implementarla. Lo que sí puedo decir con honestidad es que mi madre era muy consciente de que ella no pudo controlar sus emociones. Por eso, después de pasar por momentos de mucho descontrol, que quizás podían durar un día o una semana, venía a mí con mucha tristeza. Mamá siempre estuvo muy consciente de que yo fui la receptora y víctima de esos terribles momentos, por eso innumerables veces me pedía que la perdonara. No dudaré nunca que intentó con muchas fuerzas regresar el tiempo para que no hubieran sucedido esos desafortunados episodios y por lo tanto no hubiera existido tanto daño en mí. No pudo nunca volver al pasado, como nadie puede regresar, pero tampoco pudo vivir un presente y un futuro con tranquilidad o control emocional. Mucho menos cuando vio y supo que mi progenitor también me hizo víctima de su oscuridad interior. Él también fue víctima en su niñez de problemas familiares, los cuales, hoy en día estoy segura, fueron un "veneno" en su mente y lo convirtieron, con los años, en victimario, infligiendo así daños irreparables a mi madre y a una de las personas más inocentes que tuvo a su lado en ese momento: yo.

Desarrollé desde muy pequeña la autoprotección y el deseo de cambiar las circunstancias de los adultos a mi alrededor. Intuitivamente sabía que debía existir algo que sanara la vida de tantas víctimas del mundo, quienes posteriormente, si no conseguían esta ayuda, se convertirían en los nuevos transgresores. Hoy en día sabemos, por estudios que se han realizado, que el lugar y las condiciones donde crecemos nos permiten desarrollar ciertas capacidades que quizás en otras condiciones no se lograrían. En mi caso la autoprotección y la inteligencia emocional fueron fundamentales para sobrevivir entre tanto desequilibrio del cual era presa mi familia. Desconociendo a mi corta edad que estos términos existían, tuve la bendición de reconocerlos y pude aplicarlos.

Según algunas teorías psicológicas, se le llama intuición al conocimiento que no sigue un camino racional para su construcción y formulación, y por lo tanto no puede explicarse o verbalizarse. La palabra *intuición* significa conocer desde dentro. El individuo puede relacionar ese conocimiento o información con experiencias previas, pero por lo general es incapaz de explicar por qué llega a una conclusión o decisión determinada. Las intuiciones suelen presentarse más frecuentemente como pensamientos repentinos sobre sucesos determinados, percepciones o sensaciones, que son pensamientos abstractos elaborados o muy relacionados con las creencias e ideologías.

Mi madre era sumamente intuitiva, podía ser muy asertiva en relación con posibles sucesos o situaciones que iban a suceder producto de circunstancias que estaba viviendo o que ocurrían en la existencia de otros. La intuición, al contrario del instinto, es resultado de la enseñanza.

Es la experiencia que se halla sumergida debajo del nivel de la conciencia, de modo que parece casi instintiva. La intuición se nutre de la memoria a largo plazo, de lo que uno ha vivido en su recorrido. La intuición es resultado de vivencias que se han observado con detenimiento o con gran interés, permitiendo así desarrollar de manera inconsciente la capacidad de prever situaciones a priori. Algunas personas posiblemente serán más conscientes del desarrollo de la intuición en ciertas áreas, llevando una ventaja por sobre otras personas debido a su experiencia.

Mamá, posiblemente por su talento tan desarrollado, tuvo la capacidad de observar con mayor detenimiento las características emocionales de otras personas, su forma de actuar ante ciertos momentos de felicidad, angustia o tristeza. Se fijaba mucho en las reacciones de las personas que conocía o que tan solo veía en la calle a donde quiera que salía. Mamá veía y asimilaba no para criticar, sino para así poder adoptar características para sus futuros personajes. A mi mamá no le interesaba cómo las personas se arreglaban, qué vestían o de qué presumían, le interesaba qué sentían y cómo lo expresaban. Por lo tanto, se volvió una experta en reacciones, emociones y hasta en reconocer la mentira disfrazada de verdad. Por supuesto, por su propia vida llena de tantos altibajos emocionales desde la infancia, nadie le podía ganar a la hora de prever algún acontecimiento que posiblemente ocurriría en su vida, en la familia o en la vida de otros y en muchos casos así pasó. La intuición no es algo sobrenatural, es una herramienta que todo ser humano tiene y, como todo en la vida, podemos desarrollarla con el tiempo, con el conocimiento de un tema o disciplina y con la experiencia de la misma.

A mí me pasó igual que a mi mamá, sin darme cuenta desde muy joven desarrollé la intuición, porque me volví experta en problemas emocionales. En mi caso más que afectarme, ya que por supuesto me afectó, estaba el profundo deseo de no quedarme, así como una víctima de por vida como en el caso de mis progenitores, quienes lamentablemente no pudieron escapar de ser victimarios. Yo quería entender por qué sucedían estas reacciones tan destructivas en la vida de las personas a quienes más ame de niña y cómo me podía alejar de esas emociones perturbadoras para no acostumbrarme y no repetirlas en mi propia existencia. Al fijarme con detenimiento en cada actitud contraria a algo normal, la cual me producía mucho dolor, me permitió inconscientemente almacenarlas en mi mente como si fuera un depósito para preservar el aprendizaje de esas malas experiencias. Pude así observar durante años muchas de las variantes de las emociones humanas y también desarrollé la capacidad para distinguir las emociones positivas de las negativas.

Desde muy joven logré identificar de manera rápida y precisa cosas que quizás no son evidentes para otros. Sin saberlo desarrollé la facultad de clasificar con precisión a una persona de otra, en cuanto a su nivel de control emocional —si lo tenía o si por el contrario carecía de este— con solo hablar con ella por unos minutos. Es increíble cómo logré, cual si estuviera en una universidad, con tan solo diez años convertirme en una mini psicóloga, porque estuve constantemente en la búsqueda de las causas que propiciaban dichas reacciones y actitudes. Evaluaba qué ocurría antes y después de los estallidos emocionales y llegué a identificar qué palabras, personas o situaciones podían ser detonadoras de estas terribles conductas.

No es nada fácil tratar de ayudar a los adultos siendo una niña, sin la experiencia, sin el conocimiento, sin la madurez producto de los años. No es fácil ni siquiera al pasar los años tratar de cambiar la vida de otros a quienes verdaderamente amamos y nos importan. No es fácil entender, no es justo que los niños tengan que pasar por estas situaciones de abuso y descontrol, sin embargo, por desgracia actualmente sigue siendo una realidad en millones de hogares en el mundo. Siendo muy pequeña deseaba ayudar a personas mayores que eran parte de mi círculo familiar a que pudieran reflexionar y tuvieran la oportunidad de cambiar el curso de sus vidas. En ese entonces a mi corta edad eso era un gran imposible, a pesar de que de mis conversaciones siempre salían reflexiones por parte de los adultos que decían: "Ojalá, Barbarita, sucediera ese cambio del que tú hablas".

Cuando pienso en lo que exactamente decía en aquellos momentos, me doy cuenta de que tenía toda la razón, pero no sabía la gran dimensión de mis palabras. Mis conversaciones se centraban en Dios, mi Papá Dios como siempre le decía desde pequeña a nuestro Creador.

Definitivamente fue por Su gracia que yo aprendí a comunicarme con Él. No tenía ni suficiente tiempo de vida, ni experiencias, para poder tener noción de Su inmenso amor por cada uno de nosotros. Logré reconocerlo y por eso podía referirme a Él con la certeza de que era mi Padre y Él estaba velando por mí siempre. Cuantos más problemas había en mi hogar, cuanta más violencia doméstica dominaba las paredes de mi casa, cuantas más injusticias recaían en mi vida, más segura estaba de que Él me iba a rescatar. Nunca dudé de Su existencia a pesar de vivir dentro de un conjunto familiar en el que Dios no fuese el centro, a pesar de mi corta edad pude reconocer a Dios en mi vida.

Muchas personas, desde que me convertí en figura pública como Miss Universo 1986, me han preguntado en qué se ha basado mi éxito. A través de los años yo me he preguntado infinidad de veces si estaba utilizando los dones que Dios me dio para ayudar o impactar a otros de manera positiva. Mi deseo siempre ha sido el de inspirar el cambio para lograr ser un mejor ser humano y que este sea el objetivo que las personas deseen alcanzar. En el pasado muchas veces me frené a mí misma de compartir mi testimonio de vida. La falta de confianza que me generaba no estar preparada o pensar que no tenía los conocimientos indispensables para generar esos cambios en la vida de otras personas me retenía de hacerlo. A pesar de esta autocrítica siempre tuve una necesidad de comunicarme, no porque deseaba contar mi propia historia, la cual prefería mantener en la privacidad, sino porque consideraba que era mi obligación. Desde muy joven siempre sentí un llamado a alertar, a advertir, a prevenir a otros de posibles consecuencias negativas en sus vidas, por causa del propio descontrol emocional.

El éxito que los demás puedan ver en mí no es lo que yo considero "mi éxito".

Descubrí mi éxito en mi relación con Dios, yo lo entendí desde pequeña. A pesar de mi corta edad tenía muchas vivencias, lamentablemente la mayoría de estas vivencias fueron muy negativas, pero me obligaron a crecer internamente como una persona más adulta en comparación con mi edad real cronológica. El éxito de un ser humano se basa en el reconocimiento de Dios, de Su existencia y ese es definitivamente mi verdadero y único éxito.

En mi experiencia como inspiradora por muchos años, entrenando a otras personas con el objetivo de que logren alcanzar crecimiento integral, he podido comprobar la necesidad y el entusiasmo que muchos tienen por conseguirlo. Las estadísticas demuestran que, cada vez más, hay un mayor interés por saber cómo y con cuáles herramientas se puede salir adelante desde el punto personal para alcanzar bienestar integral. Muchos de los cursos o eventos de motivación se centran en las capacidades, quizás no descubiertas, del individuo, y en el potencial personal para desarrollarlas con esfuerzo y constancia. Una gran mayoría de estos cursos o conferencias actualmente también hacen referencia a la importancia de poner en práctica la inteligencia emocional dando así las claves para su desarrollo.

A pesar de toda esta cantidad de información en línea y presencial, de diversos cursos, talleres y conferencias alrededor del mundo, el individuo sigue en la búsqueda de algo que no encuentra en toda esta información que hoy en día está a su alcance. Mi propuesta para ti es que, si estás en esa búsqueda, te tengo la respuesta. Yo, a pesar de lograr desarrollar la inteligencia emocional, me di cuenta de que no podía continuar centrada en el autocontrol y por momentos olvidarme de este, debido a la intensidad de las circunstancias. También podemos ignorar nuestras propias capacidades, desconfiar en el propio logro personal o simplemente las situaciones son tan negativas que nos dejan incapacitados física o emocionalmente, para desear seguir adelante.

Estoy segura de que el deseo de Dios es que podamos utilizar las capacidades y dones que Él nos regaló en cosas que tienen valor eterno y no desperdiciarlas en cosas pasajeras que representa en gran medida aquello en lo que el ser humano se entrena a diario. Entiéndase bien que la capacitación es esencial, pero el desarrollo personal no tendrá basamento y fortaleza si no está anclado en la inteligencia espiritual. Se habla hoy en día también del crecimiento espiritual y en muchos casos del que uno puede conseguir dentro de uno mismo. Ese ser interior puede estar lleno de ideas, creencias que no son la verdad, pero mantienen al individuo creyendo que lo son y lo hacen sentir que consiguió algo que se amolda a su estilo o preferencia de vida.

Yo también anduve por esos caminos, creyendo en mis propios talentos confundiéndolos con ideas y creencias, que solo me bloqueaban la verdad que Papá Dios me había señalado desde pequeña. Mi gran deseo es que tú puedas conocer y desarrollar la más importante inteligencia; la espiritual que te sostendrá y le dará la visión correcta a tu intelecto, a tus capacidades y a tu inteligencia emocional.

La inteligencia espiritual fue reconocida desde la antigüedad por el apóstol Pablo de Tarso, lo podemos ver en lo que escribió en su carta a los colosenses, diciéndoles que oraba por ellos pidiendo que pudieran llenarse del conocimiento de Dios "en toda sabiduría e inteligencia espiritual" (1:9). Las oraciones del ministerio apostólico de Pablo no eran para pedir cosas materiales, sino para pedir por el conocimiento de la voluntad de Dios: "Por lo cual también nosotros, desde el día que lo oímos, no cesamos de orar por vosotros, y de pedir que seáis llenos del conocimiento de su voluntad en toda sabiduría e inteligencia espiritual" (Colosenses 1:9).

En la Biblia hay varios versículos que hacen referencia a la inteligencia espiritual, por lo general las personas piensan que este es un concepto de ahora y no es así, es una recomendación, es un llamado que Dios nos dio hace miles de años para que podamos realmente utilizar la inteligencia de forma integral. Muchos seguirán dudando, pero, si esas personas deciden acercarse a la Palabra, descubrirán que, en cuanto a muchos de los estudios que se realizan hoy en día sobre la inteligencia, ya la Biblia se pronunció sobre este tema hace tiempo con gran determinación, porque sencillamente dice la verdad. Con base en los textos bíblicos te puedo decir que la "inteligencia espiritual" es saber elegir el conocimiento de Dios, para apartarse del mal, logrando así el entendimiento correcto de lo que se experimenta en la vida diaria, permitiendo así la oportunidad de alcanzar "sabiduría" para tomar las decisiones correctas. "El principio de la sabiduría es el temor de Jehová" (Proverbios 1:7), no es tenerle miedo a Dios como dicen los no creyentes, ese temor habla de reverenciar a Dios (ver Hebreos 12:28-29). Es realmente reverencia y gran admiración, lo que significa el temor a Dios para los creyentes como yo, y esto nos inspira a escuchar Su Palabra y que esta tome vida en nuestra existencia.

Te estarás preguntando ¿cómo logro entonces reconocer o potenciar mi inteligencia espiritual? Con base en mi experiencia, te puedo decir que hasta que no decidas comprender tú a Dios, hasta que no decidas escucharlo, hasta que no decidas desarrollar el temor de reverencia y admiración a Él, no podrás utilizar tu inteligencia espiritual. Esta inteligencia que se encuentra en ti estará desconectada, como un cable perdido que no encuentra una toma para conectarse, para poder recibir la electricidad. Así podrás estar tú por muchos años, quizás la vida entera. La Palabra de Dios tiene un poder para restaurar todo en ti, puede restaurar tus neuronas, puede hacerte realmente inteligente, aunque el mundo te diga que no lo eres, que eres débil o que estás perdiendo tu tiempo (1 Corintios 1:26-31). No te permitas quedarte desconectado, recuerda que podrás hacer uso de tu inteligencia espiritual solo hasta que lo decidas. Te aseguro que, a partir de ahora, podrás iniciar un camino o continuarlo con determinación si ya lo emprendiste.

Si estás pensando por dónde empezar, debes simplemente hablar con sinceridad con Dios, dile que quieres conocerlo y que deseas conectarte a Él. Exprésale también tu deseo de reconocer a Cristo como tu único Salvador. Sí, así de simple es;

conversa, sincérate, abre tu corazón, deja cualquier creencia a un lado, aparta cualquier pared o muro, escala la montaña que te distancie de la verdad, retorna a tu niño interno, desármate para que Él te arme de nuevo, deja de dormir para conocerlo y no perder ningún minuto de tantos que has perdido por no haberlo reconocido antes. Saca frente a Él todas tus frustraciones o lo que dejaste bajo las sombras del ego o la mentira. Tú piensas que Él no te va a perdonar, porque tú no te puedes perdonar, te equivocas, ¡ah! y aprovecha ese momento para también perdonar, aunque creas que es imposible porque el que te hirió dejó esa herida abierta por donde todavía sale sangre fresca. Decídete, atrévete a tomar la mejor decisión de tu vida, aquella que no tiene vuelta atrás; por el contrario, te llevará hacia delante por el "Camino" como si fueras en una bicicleta pensando que nunca fuiste tan libre, sintiendo que obtienes de nuevo la "vida" y que nunca habías sido tan dichoso como hasta ese momento porque te encontraste al fin con la "Verdad". ¡Te lo digo yo: nunca, nunca encontrarás en otro lugar la dicha de la libertad!

¿Y tú cómo escucharás a Dios? ¡A través de Su Palabra! Él te dará los conocimientos y la sabiduría, para que puedas utilizar tu inteligencia espiritual en todas las áreas de tu existencia llenándote así de propósito y vida:

Salmos 119:104

Proverbios 1:7

Proverbios 2:1-22

Proverbios 3:13

Proverbios 4:7

Proverbios 16:16

Daniel 1:17

Colosenses 1:9

¡Atrévete
a desarrollar tu
inteligencia espiritual!

CAPÍTULO 4

Tres claves para dar: defender, apoyar, rescatar

ESTABA TAN IMPRESIONADA. QUIZÁS HASTA entonces no había visto a alguien pidiendo con tanta angustia comida. Era tan solo un niño de mí misma edad. Creo que los dos teníamos como ocho años. Este niño comenzó a pedirle a mi mamá que le diera dinero y ella le preguntó: "¿Tienes hambre?", a lo que él contestó: "Sí, no he comido en varios días". Entonces mi mamá le dijo: "Ven con nosotras, vamos a comer los tres juntos", y él con una cara de angustia contestó: "No puedo, necesito el dinero porque si regreso sin los bolívares me pegarán toda la noche". Mamá lo convenció diciéndole que comeríamos los tres juntos y después le daría dinero para que no le pegaran en su casa. Fue así como accedió a ir con nosotras a un restaurante español, al cual nos encantaba ir los domingos. Sentados en el restaurante, el niño se sintió en confianza con nosotras y nos contó que vivía con su mamá y con muchos hermanos de otro papá que no era el suyo, en una humilde y pequeña vivienda con techo de zinc en uno de los barrios más pobres en los suburbios de la capital venezolana. Ese dia entendí que muchos niños no comían como yo lo hacía. A pesar de que a veces mi mamá no contaba con suficiente dinero para hacer una buena compra de despensa, por lo general siempre había lo esencial en la nevera. Sin embargo, en muchas ocasiones, más de las que te puedas imaginar, no teníamos ni lo esencial para alimentarnos, entonces mi abuela nos llevaba el mercado al apartamento cuando mi mamá no tenía trabajo, esto provocaba en mi madre el comienzo de una nueva crisis emocional o una profunda depresión.

La depresión provocaba en mi mamá una paralización que la mantenía en cama por días, sin deseo alguno ni motivación para buscar trabajo. Las dos pasamos por tiempos muy dolorosos que duraron varios años, mi mamá decidió no trabajar por las injusticias de las que ella decía haber sido víctima en el canal de televisión para el que en ese entonces trabajaba, convirtiéndose en una de las actrices coprotagonistas más famosas de la época. Mamá no quiso volver a la televisión por varios años, incursionó con mayor dedicación en el teatro, sin embargo, ese trabajo era esporádico e inestable. No todo el tiempo se encontraban oportunidades y a ella le daba terror buscar un trabajo en otras áreas, se sentía incompetente para ello y también, como su nombre tenía un reconocimiento en el mundo artístico, se sentía subvalorada y avergonzada. Mamá tenía fama, pero no riquezas, en esa época los artistas, si no eran protagonistas, no ganaban mucho dinero, lograban notoriedad, pero esto no era proporcional al salario que debía devengar. Ella pensaba que la podían criticar en la prensa, sacar historias sobre su situación, por eso no se sentía capaz de trabajar en otra actividad. Eran ideas que ella se creaba, excusas que la deprimían producto de su compleja situación emocional, por lo tanto, no resolvía ni buscaba tampoco resolver las situaciones, por el contrario, se dejaba arrastrar por las mismas y esto no le permitía levantarse de la cama por días o semanas. A pesar de las duras situaciones que mi madre enfrentó y no pudo superar por sus problemas emocionales, siempre procuró hablarme con sinceridad para que yo pudiera superar las circunstancias difíciles de la vida, mamá quiso que yo fuera mejor. Ella me alertaba para que yo no copiara sus acciones y no me quedara afectada de por vida como a ella le ocurrió, producto de los golpes de la vida que dejaron heridas muy profundas. Mamá sabía que como todo ser humano yo también enfrentaría mis propios obstáculos en un futuro, por eso ella deseaba que yo lograra ser resiliente.

Yo me propuse ser resiliente y lo logré. Justamente fue mi mamá, quien no pudo serlo, que me enseñó la gran importancia de la resiliencia. Es la capacidad que tienen las personas para recuperarse frente a la adversidad. Yo la pude desarrollar gracias a que mi mamá me dijo que yo sí podría y que debía lograrlo para salir adelante. Mi mamá me pudo dar lo que no tuvo para sí misma. No siempre las personas lo tienen todo o logran lo que desean, para ser capaces de dar estos consejos que serán muy importantes y vitales para otros. Por eso te compartí la historia sobre este pequeño a quien ese día conocí y el cual me enseñó una parte del mundo que yo desconocía. Cuando vivimos momentos difíciles pensamos que somos los únicos en el mundo que estamos atravesando por esa situación específica y ese día lo recuerdo perfectamente porque me marcó. En ese entonces pensaba que solo yo padecía situaciones difíciles en mi casa y no imaginaba, a mi corta edad, que éramos millones de niños viviendo difíciles situaciones y muchos en situaciones más terribles que las mías. Además, con el transcurso de los años me di cuenta de que, aunque no tengas dinero, puedes apoyar a otros compartiendo tu tiempo con ellos, dándoles mensajes de superación, siendo útil con tus talentos para edificar a otros, hablar de lo que tú sí has podido lograr con esfuerzo y con el deseo de ser resiliente ante las circunstancias. También mamá me enseñó con su actitud que, si nosotras podíamos ese día ir a un restaurante, entonces también era posible compartir con otra persona que no tenía nada que comer, así como dice el refrán: "Donde comen tres comen cuatro". Allí solo éramos tres, pero hoy en día estoy segura de que Jesús también se sentó a la mesa con nosotros, porque cuando le damos de comer a un niño estamos dandole de "comer" a Jesús, Él mismo nos lo dijo y está escrito en la Palabra (Mateo 25:35-37).

Es quizás muy difícil de entender cómo una persona puede enseñar algo que no puede practicar, pero así fue mi mamá. Tenía muchos conocimientos de la vida como conté anteriormente, tenía muchas experiencias y vivencias, que ella podía de manera extraordinaria desmenuzarlas para apoyar a otros, así lo hizo siempre. Mi madre fue una excelente consejera, ayudó a muchas personas en diferentes momentos, fue una estupenda comunicadora y podía pasar horas hasta adentrada la madrugada en el teléfono, escuchando y aconsejando a otros de lo que sí o no tenían que hacer para mejorar las situaciones, superarlas y seguir adelante, algo que ella misma nunca pudo hacer; seguir adelante sin arrastrar el pasado.

Mi mamá fue la primera que me enseñó a "DAR" cuando ni siquiera uno tiene lo suficiente, me enseñó a ser comprometida y responsable con mis acciones, me enseñó a ser honesta, me enseñó sobre la ética y el respeto al prójimo, me enseñó que la mentira era una cárcel como lo fue para ella. Sí, ella tuvo que mentir muchas veces para no ser criticada, a veces me decía que era preferible mentir, porque la verdad pocos la querían escuchar. Mi mamá comentaba muchas veces que, por decir la verdad, puedes ser humillada, perseguida y criticada, ella tenía mucha razón. Sin embargo, ella me preparó para decir la verdad, no porque todo se tenga que decir, las personas tienen derecho a guardar o preservar historias y vivencias que solo pertenecen a su privacidad o a su intimidad, pero lo que ella quiso es que yo nunca me sintiera mal ante nadie, ni perseguida por decir las verdades que tuviera que exponer al mundo. Mamá también sin estar muy consciente de mi futuro me enseñó a hablar en público, le preocupaba que no me sintiera segura en el colegio para preguntar si no entendía a la profesora y esto me da mucha risa porque lo logró con éxito, siempre he sido una gran preguntona cuando no entiendo algo, lo averiguo sin descanso. Mamá me enseñó sobre la importancia de la autoestima y esto quizás ella nunca lo supo. Los psicólogos han descubierto que la resiliencia está vinculada a la autoestima. Según Michel Manciaux, médico y conocedor de la materia, existen personas que, al enfrentarse a un trauma o a una desgracia, sufren una paralización en sus capacidades para poder superar estos momentos; en cambio hay otras personas que no se permiten ser anuladas por las situaciones negativas y por eso logran continuar con su vida superando los problemas.[1] Esas situaciones negativas los llevan a desarrollar actitudes y recursos en sí mismos que les permiten alcanzar un nivel superior, transformando esos traumas en algo

---

1. Ver Michel Manciaux, *La resiliencia: Resistir y rehacerse* (Barcelona: Gedisa, 2010).

positivo. Quizás este tipo de personas se da cuenta de que posee capacidades que desconocía y que puede con estas salir adelante y ayudar a otros.

Mamá siendo una adolescente empezó a visitar muchos psicólogos junto con mi abuela, para encontrar ayuda a sus problemas y nada resultaba. Cuando yo apenas era una niña le suplicaba que fuéramos al médico y le pedía a mi abuela que la llevara y así lo hizo. Para ese entonces la psicología no tenía los avances de hoy en día y solo le daban a mi madre medicinas que le producían sueño o la mantenían en un letargo que provocaban en ella más daño. Intenté ayudarle de muchas maneras, sé que mamá disfrutaba mucho estar conmigo, ir al cine, al museo, comer juntas y hablar por horas de temas interesantes, eso la alejaba de sus momentos de depresión, pero no era suficiente.

Muchas veces nos sentimos impotentes porque no podemos resolver completamente el problema o las circunstancias de otras personas, ni siquiera por el hecho de que son familia o personas muy queridas para nosotros. A veces nos cuestionamos cómo vamos a darle a alguien en la calle dinero porque quizás lo usa para seguir comprando alcohol, drogas o son niños víctimas de adultos que los abusan quitándole ese dinero. Nos llenamos de dudas si alguien nos pide dinero para cubrir una necesidad y lo que nos viene a la mente es que quizás nunca lo devolverá. El mundo cuestiona mucho más al que pide que al que roba, sí, quizás es exagerado lo que digo, pero son más los que dicen la verdad en un momento de necesidad que el que pide para hacer una fechoría con lo que busca obtener. Estamos frente a un mundo lleno de necesidades, hoy por hoy más del 10 % de los latinoamericanos viven en pobreza extrema, según lo publicado por la Comisión Económica para América Latina y el Caribe de la

ONU en su informe "Panorama Social de América Latina 2018". De igual manera, las cifras que publicó en el 2018 el Banco Mundial son desoladoras, su informe indica que cerca de la mitad de la población mundial, unos 3.400 millones de personas, viven con menos de 5,50 dólares al día. Estamos frente a un mundo lleno de indolencia, producto quizás de que las personas se cuestionan mucho al pensar que no pueden resolver los problemas del mundo o porque quizás nada de lo que ven los conmueve, y han llegado a la conclusión de que las necesidades siempre estarán allí. En el mundo siempre han existido las necesidades y, lamentablemente, seguramente seguirá siendo así. Uno solo no puede resolver los problemas del mundo, pero sí puedes cambiar el mundo de alguien, aunque sea por unas horas.

Recuerdo la cara de ese niño que conocí siendo tan pequeña, el cual dejó una marca en mi vida, dejó una inquietud acerca de lo que podría hacer por quienes deambulaban por las calles pidiendo. A medida que iba creciendo me fijaba mucho en las personas adultas y en los niños que pedían en las calles de mi ciudad Caracas, algo que iba incrementando en vez de ir desapareciendo. Mi mamá invitó a comer a ese niño quien seguramente hoy en día tiene mí misma edad, ¿qué habrá sido de su vida? me pregunto. Mamá le dio dinero para que no le pegaran, esa es la terrible situación de miles de niños que piden en las calles, son abusados y seguramente sus padres también lo fueron. Quizás pidieron dinero en las calles o tuvieron que salir a trabajar desde temprana edad, las personas muchas veces piensan que los niños mienten para hacer que las personas se aflijan de su terrible situación. Si mienten o manipulan, eso es lo que lamentablemente han aprendido para poder subsistir dentro de un entorno de verdadero horror y miseria. La verdad de sus vidas es terrible, es infame y lo que ven diariamente los dejará con profundas cicatrices de dolor y espanto. Por eso es tan importante apoyar a los organismos, a las fundaciones que estoy segura existen en tu ciudad y aportar no solo los recursos que puedas dar, sino también involucrarte con actividades en las que puedas hacer un cambio en la vida de un niño. Yo vi a mi mamá hacer lo mismo cada vez que una persona le pedía para comer, entonces ella le decía que la acompañara y le compraba comida. En ese momento esa persona, fuera quien fuera, tenía la oportunidad de comer. No le resolvíamos sus múltiples problemas, sin embargo, sí le cambiábamos su mundo por unos minutos o por unas horas.

El dar fue algo que me inculcó mamá desde muy pequeña, sin mirar a quien se lo daría, sin esperar nada a cambio y si ayudaba con algo de dinero nunca hacerme cuestionamientos de qué o qué no haría esa persona con ese dinero. Estoy consciente de que ayudando a organizaciones apoyamos a más personas y el dinero o la mercancía que podemos donar serán utilizados de una manera más eficiente para cubrir las necesidades de muchos más, sin embargo, cuando alguien está frente a nosotros pidiéndonos ayuda, nunca olvides lo que nuestro Señor Jesús dijo: "Porque tuve hambre, y ustedes me dieron de comer; tuve sed, y me dieron de beber; fui forastero, y me dieron alojamiento; necesité ropa, y me vistieron; estuve enfermo, y me atendieron; estuve en la cárcel, y me visitaron" (Mateo 25:35-37, NVI).

Se ha comprobado en diferentes estudios que cuando las personas están decididas a dar eso les proporciona sentido a sus vidas. Estudios científicos afirman que las personas obtienen beneficios mentales y físicos al compartir y ayudar a los demás. Dar genera una conexión social, une a las personas que muchas veces no se conocen en una relación particular, especial y deja marcas muy positivas, tanto en el que recibe porque tenía una necesidad como en el que ha decidido dar.

Muchos comparan la sensación de dar con realmente vivir feliz de por vida. Yo particularmente siento una profunda alegría cuando puedo ayudar a alguien, esto me hace sentir útil y pienso que los dones que Dios nos ha dado a cada uno, las oportunidades que hemos podido lograr y también las situaciones o experiencias difíciles que hemos atravesado nos demandan mayor compromiso, comprensión y generosidad para con el prójimo. La inmensa satisfacción que sentimos al dar es un valor que necesitamos inculcar en nuestros hijos y en las personas que podamos "contagiar" con este valor que es imprescindible cultivar en el transcurso de nuestra vida.

Desde muy joven y través de los años me he sentido siempre en la obligación y con el gran deseo de apoyar a las diferentes organizaciones y fundaciones con las que he cooperado y con las que sigo involucrada hasta el día de hoy. Es vital mirar más allá de nuestros propios problemas o circunstancias, es necesario mirar al vecino, ese que puede estar al lado de tu casa, en tu comunidad, en tu parque, en tu trabajo, en tu gimnasio o en el café a dónde vas cada mañana. Allí donde te desenvuelves hay muchas personas que necesitan de ti y a veces no queremos ni voltear, porque ponemos de excusa el tiempo que supuestamente no tenemos o el miedo que nos priva de involucrarnos más para escuchar al otro, pensando que no tenemos cómo ayudarlo, cuando muchas veces el solo escuchar y prestar atención a ese ser humano promueve en esa persona la esperanza y las fuerzas necesarias para resistir y seguir adelante.

Tu tiempo es valioso y será más valioso en la medida en que esté dedicado a apoyar a otros. Te darás cuenta de que tendrás más minutos y más horas de las que pensabas, porque el ayudar te hará también más eficiente con tus horarios, los cuales estarán llenos de alegría por el hecho de compartir con otros tu generosidad.

La Palabra de Dios nos dice en 2 Corintios 9:6-8: "Pero esto digo: El que siembra escasamente, también segará escasamente; y el que siembra generosamente, generosamente también segará. Cada uno dé como propuso en su corazón: no con tristeza, ni por necesidad, porque Dios ama al dador alegre. Y poderoso es Dios para hacer que abunde en vosotros toda gracia, a fin de que, teniendo siempre en todas las cosas todo lo suficiente, abundéis para toda buena obra".

La generosidad, como la acción de dar, es una cualidad y una virtud que debemos fomentar siempre.

Los hermanos que nunca conocí

Desde muy joven sentí el deseo de defender a los niños no nacidos. Mi mamá me contó que ella tuvo abortos inducidos, los cuales también contribuyeron a su inestabilidad emocional produciéndole una gran tristeza interna. Esto me hizo pensar, desde que era una adolescente, que yo hubiera podido ser también una posible víctima del aborto inducido como les ocurrió a mis hermanos, a quienes algún día en el cielo tendré la bendición de conocer y abrazar. Te confieso que intuitivamente sentía que tenía unos hermanos mayores, pensé muchas veces que ese sentimiento era producto de mis deseos de haberlos tenido. Soñaba despierta sobre lo maravilloso que hubiera sido si, en vez de ser hija única, existieran unos hermanos mayores con quienes compartir. Aunque solo era un sueño, yo estaba segura de que, si existieran, me cuidarían y me hubieran defendido de tantas injusticias que viví. Al mismo tiempo, pensaba que ellos también hubieran sido víctimas de la violencia doméstica o quizás al ser mayores tendrían la capacidad de ayudar más en la solución de los problemas, nunca lo sabré, lo cierto es que siempre quise tener una familia grande. Mi mamá con profundo dolor me lo confesó una noche que le dije que sentía que tenía hermanos mayores y que me hubiera encantado tenerlos. Ella sorprendida me miró con esos ojos inmensos que destacaban la belleza de su cara. De repente su rostro empezó a llenarse de lágrimas. Mamá se sintió con la obligación de confesarme su más guardado secreto, con una inmensa tristeza y llorando hasta romperse su corazón, así como sentí que el mío se partía en varios pedazos y se salía de mí derramándose por toda la habitación. Mi desconsolada madre me dijo que, en efecto, yo había tenido esos hermanos, que ella los había concebido casada y que no eran ideas mías, que ella estaba impactada de cómo yo había intuido la verdad.

Mis hermanos sí existieron, ellos vivieron en el útero que yo también ocupé una vez por nueve meses hasta que vi la luz del mundo. Al igual que mis hermanos no nacidos, yo viví desde la concepción, desde ese mismo instante ya era un ser vivo con plenos derechos a existir como todo ser humano, no por el consentimiento que dictan las personas que piensan que tienen el derecho de decidir y argumentar en qué tiempo eres o no un ser humano. ¿Cómo puede ser que el mundo haya permitido que existan leyes que nos convierten en una sociedad criminal, donde las personas se sientan dueñas de la vida de otro, cuando en efecto no somos dueños ni de nosotros mismos? Nadie se hizo a sí mismo, nadie decidió el día que nació, ni cuándo será naturalmente su muerte. Nadie sabe a ciencia cierta cómo funcionan realmente sus células, nadie decidió su propio ADN y todavía algunos se creen que son dueños de sí mismos, cuando el derecho a la vida nos la concedió Dios, quien nos creó y a quien pertenecemos completamente y por la eternidad.

Cuando mamá vio que yo desde muy joven empecé a apoyar organizaciones a favor de la vida, ella fue la primera en motivarme para que me envolviera en este tipo de actividades. Me dijo que utilizara su experiencia, me dio su consentimiento para divulgar su secreto cuando lo considerara conveniente. Siempre me repetía sobre la importancia de educar, ayudar, defender, proteger a tantas mujeres víctimas de diversas situaciones que son llevadas a buscar esta solución considerando que le ponen un "freno" a sus múltiples problemas o prejuicios, sin imaginar que es solo el comienzo de caer poco a poco por un barranco que no termina, el cual se convertirá en uno de los peores dolores y traumas de sus vidas: matar a un inocente.

Es vital tener presente que solo el perdón de Dios nos "rescata" de nuestras transgresiones, el perdón es una parte muy central del evangelio. Es fundamental conocer la Palabra de Dios y recordarnos de Sus promesas.

Solo a través del perdón podremos tener un nuevo comienzo de la mano de Jesús quien no nos abandonará jamás.

En 1 Juan 1:9 Dios nos dice: "Si confesamos nuestros pecados, él es fiel y justo para perdonar nuestros pecados, y limpiarnos de toda maldad".

Colosenses 1:13-14 nos dice: "El cual nos ha librado de la potestad de las tinieblas, y trasladado al reino de su amado Hijo, en quien tenemos redención por su sangre, el perdón de pecados".

Defender es parte de dar

En una oportunidad, ya hace algunos años, estuve como invitada especial para participar en un panel en uno de los muchos eventos a los que asisto a favor del empoderamiento de las mujeres. Recuerdo con mucha claridad estar presente cuando dos mujeres a las que conocí empezaron una simple conversación que terminó en una gran discusión. Una de las mujeres que menciono felicitó a la otra por su labor a favor de los derechos de la mujer y después de felicitarla le hizo una pregunta: "¿Por qué no tienes una preocupación similar por los niños no nacidos?". Con un tono muy áspero, la otra mujer contestó: "Porque la mujer existe, es gente de verdad y hay que seguir luchando para que se le reconozcan sus derechos en muchas partes del mundo donde aún no hemos logrado la igualdad que merecemos".

Quedé atónita cuando ella dijo: "Porque la mujer existe, es gente de verdad". Los niños no nacidos son gente de verdad y tienen los mismos derechos a la vida, al cariño y al amor al igual que los otros niños que ya han nacido. Es increíble que todavía en este siglo XXI existan personas que defiendan el aborto pensando que apoyan los derechos de las mujeres —mujeres que en muchos casos desconocen la verdad de lo que ocurre en su útero cuando les practican el aborto. Está comprobado que ese ser que está allí dentro de ellas sufre y hay mucha ignorancia todavía hoy en día sobre este lastimoso tema.

La Palabra dice en Eclesiastés 11:5: "Como no sabes cuál es el camino del viento, o cómo se forman los huesos en el vientre de la mujer encinta, tampoco conoces la obra de Dios que hace todas las cosas" (LBLA).

Como imagen y voluntaria de provida tuve la triste experiencia hace muchísimos años de ver uno de los primeros videos que se difundieron para demostrar el horror del momento del aborto y poder evidenciar el sufrimiento del feto. Hoy muchos videos que demuestran este crimen están al alcance de cualquier persona en internet. Lamentablemente, a pesar de todas estas evidencias, todavía existe un gran debate mundial, defender lo indefendible, tener el "derecho" de matar a un niño no nacido, considerando que con apenas pocas semanas de gestación el feto no cuenta con los derechos que sí le pertenecen desde el mismo momento de la concepción. ¿Cuántos líderes o personas nos asombran diariamente con sus contradicciones, porque desde sus posiciones de gobierno, frente a la posibilidad de aprobar leyes a favor del aborto, ven al mismo tiempo con gran optimismo las investigaciones espaciales que actualmente están en la búsqueda de encontrar microorganismos en algún planeta para asegurar que sí hubo vida o habría posibilidad de vida en ese lugar? Mientras que la nueva vida que late en el cuerpo de una embarazada no es considerada importante y se le resta la posibilidad de vivir en este planeta que le pertenece, donde la vida debería ser respetada y defendida más que cualquier microorganismo que pueda existir en cualquier parte de nuestra galaxia.

Dios es quien nos da la vida y nos enseña en la Palabra como desde antes de nacer ya tiene un propósito con nuestra existencia, "Antes que yo te formara en el seno materno, te conocí, y antes que nacieras, te consagré, te puse por profeta a las naciones" (Jeremías 1:5, LBLA).

Los que trabajan en los movimientos provida a través del mundo y los que nos hemos unido a apoyarlos desde los diferentes frentes de acción donde podemos ser útiles debemos continuar sirviendo para defender a los niños que están por venir. Por muchos años he estado al tanto de los proyectos de control de natalidad que han instituido en varios países del mundo, pensando en acabar con la pobreza esterilizando a los pobres, los cuales en un porcentaje muy alto han perjudicado la salud de muchas de estas mujeres tratadas. El debate es tan grande actualmente que, en vez de invertir los presupuestos necesarios para activar mejores y mayores procesos que lograran educar a la población, muchos gobiernos en el mundo buscan aprobar el aborto. La premisa que ponen por delante es la cantidad de mujeres que lamentablemente mueren en porcentajes altos porque decidieron practicarse abortos a los que llaman inseguros, al no ser realizados en centros de salud. Aproximadamente mueren al año más de 47 mil mujeres en el mundo en situaciones que se consideran inseguras y se producen terriblemente más de 55,7 millones de abortos en el mundo (a casi 56 millones de niños no nacidos los matan frente a los ojos del mundo). Estos son datos de los informes de la Organización Mundial de la Salud y del Instituto Guttmacher de Nueva York. A pesar de que el mundo quiera negar el sufrimiento que trae a la mujer el hecho de haber abortado, argumentando que no llegará a perjudicarla, sino por el contrario la liberará de su "problema", la repercusión de este hecho de seguro cobrará poco a poco las consecuencias de alguna manera y quizás será cuando menos se lo espera la mujer, que pasó por esta terrible y dolorosa situación. Aunque el mundo piensa que es inocente de estos crímenes, pagará por su indiferencia.

Este tema es muy profundo y tiene muchas consideraciones, mi deseo es traerlo aquí para dejar en ti una reflexión. Podemos pensar en las circunstancias terribles que lamentablemente pasan muchas mujeres en el mundo: niñas violadas por sus propios padres o familiares, mujeres con inestabilidad emocional, mujeres sin recursos económicos, mujeres abandonadas o abusadas por su pareja, mujeres incapacitadas que fueron ultrajadas, hasta las mujeres que solo desearon tener una relación sexual y no se cuidaron para no quedar embarazadas o quizás tomando las precauciones igualmente quedaron encinta y no desean tener hijos. Mujeres, mujeres, mujeres y así podremos seguir la historia de las mujeres en difíciles circunstancias y, como ves, todo ronda alrededor de la mujer y yo me pregunto ¿dónde está la responsabilidad de toda la sociedad?

Entonces el problema realmente radica en cómo están estructuradas las bases de esta sociedad: están rotas, los valores escasean, la educación no llega, los principios no están de moda, no hay deseos de progresar desde el punto de vista humano, lo único que importa es buscar soluciones fáciles y rápidas. Es la responsabilidad de todos la cantidad de mujeres que siguen abortando hoy en día, también es nuestra culpa y debe ser el dolor de todos la cantidad de niñas, adolescentes y mujeres que han quedado embarazadas producto de violaciones. La posibilidad del aborto refleja la consecuencia de lo que no hemos solucionado y lo que permitimos que siga pasando en esta sociedad. Cada día vivimos bajo un sistema que es más indolente e irresponsable y prefiere el crimen a fomentar las soluciones que le corresponde atender de forma inmediata y eficaz. Me pregunto, si yo pude ser un aborto y tú hipotéticamente también pudiste serlo, ¿te imaginas no haber existido o personas que conocemos que han contribuido de manera positiva con la sociedad que pudieron no existir, porque era la única solución a tantos problemas no resueltos por la sociedad existente? Definitivamente podemos seguir hablando de este tema sin parar y escribir todo un libro solo acerca de esta problemática mundial. Mis últimas reflexiones aquí en este capítulo son que hay una inminente necesidad de preparar más a nuestros niños y jóvenes en estos temas, aportarles valores para que el respeto al otro sea parte de sus actos, enseñarle al hombre el valor de la mujer y viceversa porque también hay muchos hombres quienes no desean el aborto de su pareja y estas lo realizan sin su aprobación, sintiéndose las únicas dueñas del niño no nacido.

Es vital proveer de autoestima a las mujeres y enseñarles que no son dueñas de sus cuerpos para decidir quien no vendrá a este mundo, pero sí tienen la opción de cambiar el aborto por la adopción. La adopción es una bendecida y una maravillosa oportunidad para muchas parejas en el mundo, quienes no han podido tener naturalmente sus hijos o quienes también desean apoyar al mundo adoptando. Muchos, gracias a Dios, han optado por la misión de rescatar a un niño o a varios en diferentes centros de adopción alrededor del mundo. Son miles de niños quienes están a la espera de tener una familia que los ame y proteja. A través de los años he tenido la bendición de conocer parejas que además de tener sus hijos naturales han adoptado a más de uno convirtiendo sus hogares en lugares de bendición llenos de amor.

En Efesios 1:4-5 dice: "Según nos escogió en él antes de la fundación del mundo, para que fuésemos santos y sin mancha delante de él, en amor habiéndonos predestinado para ser adoptados hijos suyos por medio de Jesucristo, según el puro afecto de su voluntad".

Dar es también rescatar a los peludos

En cuanto al tema de "rescatar" no quiero terminar este capítulo sin dejarte un mensaje desde lo más profundo de mi corazón, porque, además de tener una sensibilidad muy grande por los niños abandonados y por aquellos que no les han permitido nacer, también se me va el alma cuando veo muchísimos animales domésticos, especialmente perros y gatos, abandonados caminando en busca de alguien que los ayude y cuide. En Latinoamérica es doloroso ver la cantidad de animales deambulando por las calles, las cifras en vez de bajar aumentan cada año, es alarmante. Te pido que si deseas adquirir una mascota te acuerdes de los centros de adopción que están seguramente en tu ciudad o país, acuérdate de que una mascota muy especial te está esperando para darte el mayor amor que nunca esperaste tener. Si no puedes adoptar o rescatar, te propongo que apoyes con lo que puedas a estas organizaciones o como voluntario, la gran mayoría de estas fundaciones por lo general carecen de fuentes de apoyo y trabajan con las uñas, pero tienen un corazón lleno de amor, generosidad y compasión por estos "hijos peludos". Los animales también necesitan de personas que hablen por ellos, que sean su voz, es necesario defender, apoyar y rescatar cada año a muchos más del abandono y de la indiferencia. Y, si ya lo has hecho o estás por hacerlo, MUCHAS GRACIAS por todo tu apoyo y generosidad.

Recuerda, tú también puedes dar a través de las tres claves: defender, ayudar y rescatar.

¡Atrévete
a dar!

CAPÍTULO 5

La actitud ante el fracaso

HAY VERSÍCULOS QUE TE IMPACTAN más en diferentes momentos, dependiendo de las circunstancias en las que te encuentres o de los procesos de crecimiento espiritual que estés experimentando en las diferentes áreas o etapas de la vida. En la mayoría de los casos, es solo en medio de esas circunstancias que los podrás comprender con mayor profundidad y serán de vital importancia para continuar con más esperanza, fuerza y determinación. En mi caso, la Palabra de Dios en Gálatas 5:16-26 ha sido muy importante para mi vida espiritual y personal. Siempre reflexiono sobre estos versículos porque han sido vitales en mi desarrollo como autora y conferencista, tanto así que "el fruto del Espíritu" sirvió de inspiración en mi primer libro *La belleza de saber vivir*, el cual escribí en el 2009. Justamente en ese año mi esposo y yo navegábamos a través de fuertes dificultades familiares financieras.

Fueron momentos muy complicados, perdimos prácticamente toda la inversión de nuestra entonces compañía. Al principio uno piensa: *¿Qué fue lo que hicimos mal?*, especialmente cuando trabajas con tanto ahínco, entrega y perseverancia, poniendo todo tu entusiasmo y dedicación en el negocio. A veces no nos detenemos a pensar con mayor profundidad el hecho de que somos parte de un todo, es decir de una economía global. Y, en muchos casos, no tomamos en cuenta este principio para acentuar la protección necesaria en las políticas internas de una compañía. Por lo general, en el desarrollo de un plan de negocio es común que no se prevea un posible colapso de la economía. Aunque siempre existan ciertas amenazas o peligros y seguramente se reflejen en el análisis de riesgos, la presencia de una economía aparentemente estable aleja la posible ocurrencia del colapso.

Ese colapso, conocido como la Gran Recesión, fue la crisis económica mundial que comenzó en los Estados Unidos en el año 2008, aunque los primeros síntomas, según es señalado por los especialistas en economía, comenzaron en agosto del 2007. Sin embargo, no fue sino hasta el 2009 que nos golpeó con todas sus fuerzas. Estoy consciente de que millones de personas en muchos países también recibieron este inusitado golpe como parte del descalabro de la economía mundial. Entre los principales factores que se atribuyen como causas de la crisis, se encuentran los fallos en la regulación económica, la gran cantidad de delitos cometidos por los bancos, la sobrevaloración de productos, la crisis alimentaria mundial y energética y la amenaza de una crisis crediticia hipotecaria y de confianza en los mercados. En medio de esa situación tan complicada, que a veces no se entiende a profundidad, es difícil comprender cómo comenzó la crisis, así como lo es saber qué es lo que va a desencadenarse tras su paso. Estarás de acuerdo conmigo que, cuando concluyó, lo único que entiendes es que esos problemas están fuera de tu margen de control. Por lo tanto, se pueden convertir en una devastadora ola que arrasa con la tranquilidad de la vida, sin saber a ciencia cierta en cuánto tiempo saldrás a flote. Son tantas las inquietudes que invaden tu vida y tan grandes las expectativas inciertas sobre el presente y el futuro inmediato que no te dejan dormir, especialmente cuando tienes hijos pequeños y piensas en el bienestar de ellos.

Fue increíble que, justamente durante ese imprevisible y complejo año, tuve la necesidad y el llamado de Dios para escribir mi testimonio. Nunca pensé o soñé con escribir un libro, por el contrario, consideraba que tenía solo la capacidad para hablar o expresarme en mis conferencias inspiracionales. Mucho menos imaginé que tendría el llamado a escribir en medio de aguas turbulentas, con tantos problemas que me nublaban la mente y la concentración era difícil de alcanzar. Únicamente mi fe en Dios me daba las fuerzas diarias para sentarme frente a la computadora. Sin embargo, muchas veces me quedé en blanco sin saber cómo comenzar, cómo seguir redactando el siguiente párrafo, o cómo poner en orden mis ideas.

Durante los nueves meses que me tomó escribir mi primer libro, me enfrenté ante el reto de creerle solo a Dios y así olvidar por completo mis deseos de huir de esa responsabilidad, mis deseos de llorar o sentirme víctima de las situaciones. Me olvidé de mi persona y solo viví apoyada en mi espíritu que era nutrido por Dios cada día en su inmensa misericordia conmigo. Escribir fue la demostración de que aquello que vivía a través de las enseñanzas de Dios en mi diario caminar era aquello que verda- deramente creía con todo mi espíritu y lo que realmente me había protegido de mí misma (pensamientos, ideas, deseos negativos, etc.) y del recuento de tantas situaciones difíciles vividas en mi infancia. Sin Dios, sin Cristo y sin el Espíritu Santo, es imposible desarrollar por nosotros mismos el fruto del Espíritu.

Si traemos a este mundo alguna de estas características implícitas en el fruto del Espíritu y las consideramos como propias y nos enorgullecemos de ello, nos daremos cuenta, a través del tiempo, que, si no están atadas a Dios y son nutridas por Él, no permanecerán en nosotros, porque la vida misma se encargará de anularlas.

El fracaso puede revelarte tu propósito de vida

Dios, en medio de aquellas circunstancias tan complejas, me estaba diciendo mucho más de lo que yo imaginaba en ese entonces. Me pareció insólita la misión de escribir mientras nos encontrábamos transitando las circunstancias tan difíciles que vivimos mi esposo y yo al tratar de resolver lo concerniente al negocio y el futuro de este. Pero fue igual a lo que he sentido en otros momentos de mi vida, cuando Dios me pide que haga algo y lo siento con tal intensidad que no puedo quedarme sin hacerlo, porque mi espíritu me lo confirma, el cual está conectado a mi Creador y es la manera de reconocer que no son ideas mías, sino que todo es parte del plan que Dios tiene para mí. Me cuesta mucho describir esos momentos, porque solo se pueden sentir y producen un deseo inobjetable de cumplir a cabalidad aquello que se está pidiendo. Sientes que es tu deber, un compromiso, un deseo de obedecer por encima de entender el porqué de lo que sientes, sabes perfectamente que lo que sientes en tu espíritu es aquello que debes hacer. Quizás esto te suena a un trabalenguas difícil de entender, pero estoy segura de que, en la medida en que estés conectado con Dios, en esa misma medida entenderás cada palabra y encontrarás maneras maravillosas de describirlo, porque será tu propio testimonio de vida.

Dios me puso a prueba en medio de esos momentos, cuando nuestra situación era una verdadera prueba de resistencia. Mientras veíamos cómo seguir maniobrando para no precipitarnos y sufrir mayores consecuencias, yo tenía que escribir. Fue así como en medio de algo que no busqué, ni soñé, Dios nuevamente me impresionaba con las situaciones que ocurrían a mi alrededor. No fui yo quien contacté a una editorial para publicar un libro, ni fui yo quien tuvo la idea de hacerlo, fue Dios quien puso a aquel que ha sido un ser maravilloso y de bendición en nuestras vidas y en las vidas de mis hijos, el doctor Rob Peters, fundador de Corpus (Revitalización de la Iglesia y Desarrollo de Liderazgo). Fue nuestro pastor en la iglesia cristiana de la que fuimos miembros por varios años en la ciudad de Weston donde vivíamos, en el sur de Florida.

El pastor Rob me dijo que consideraba que yo debía escribir un libro, porque, aunque él no habla español y tampoco entendía lo que yo decía, cuando presenció varias de mis primeras conferencias en la iglesia y en otros lugares, él me comentaba que podía ver cómo mis palabras impactaban la vida de otras personas. Por tal razón, fue él quien dirigió la iniciativa para reunirse con las editoriales y presentarme, para que se pudiera dar la oportunidad de lanzar un primer libro. Y así ocurrió, en pleno colapso económico del 2009 Dios me puso a escribir.

Fue entonces que sentí que ese nuevo proceso que iniciaba, al estar frente a mi computadora por horas y días, buscando en mi mente la claridad de aquello que debía escribir, que ese era mi plan de vida. Pude empezar a entender poco a poco que mi vida no se trataba de la empresa que teníamos, no se trataba de lo mucho que nos esforzábamos, ni de lo mucho que me gustaba mi trabajo, se trataba de que existía un plan mayor que definiría mi propósito de vida. Cabalgando la tormenta, Dios me enseñó mi propósito de vida: inspirar a otros a reconocer a Cristo como su Salvador.

Dios me volvió a sorprender, Él hace las cosas de manera que no tengas dudas de que es Él quien está en control. En la medida que yo le he entregado el control de mi vida, he podido evidenciar las acciones de Dios en mi existencia, he podido ser testigo de su bondad y su misericordia.

Desde ese momento entendí claramente cuál era el plan, tenía cuarenta y cinco años cuando descubrí lo que había buscado con intensidad por tanto tiempo. Yo hablaba de mi relación con Dios desde mucho antes, no obstante, no sabía a ciencia cierta que el camino de la evangelización era realmente mi sendero, mi propósito, mi plan de vida. He podido comprobar en mis propias circunstancias cómo, hasta en los momentos de mayor tristeza, Él ha conducido cada situación, protegiéndome, enseñándome, guiándome. Dios me ha mostrado en todo momento cómo cada situación tenía un propósito en Su plan. Claramente esto lo he podido comprender hasta después de ocurridas las situaciones y de que he encontrado las soluciones que Él mismo ha puesto en mi vida. Lo que sí puedo decir con total sinceridad es que no tenía duda de que Dios estaba en control. A pesar de lo complejo de los eventos que enfrentaba, esta seguridad me la ha dado Él mismo a través de mi fe. En el camino del crecimiento espiritual uno se va impresionando de la grandeza inescrutable de nuestro Padre Dios, como dice David en Salmos 145. Cuando David habla sobre la forma en que cada generación celebrará las obras realizadas por Dios, pienso en mis propios hijos y como ellos están día a día creciendo más en su relación con Dios y oro todos los días por ellos y por sus futuras esposas e hijos.

En medio de situaciones tormentosas es cuando más intensamente necesitamos orar. Creo profundamente en la oración, porque está llena de poder, es la manera de comunicarnos con Dios, es el vehículo para la conversación diaria con nuestro Creador. La oración diaria nos permite compartir con Dios las situaciones que vivimos, Él las conoce, sin embargo, es maravilloso poder contarle con nuestras palabras lo que nos ocurre. La oración te permite agradecerle por lo que Él provee y por lo que está haciendo para solucionar los problemas. A veces no sabemos a ciencia cierta qué sucederá, no obstante, tenemos la total seguridad de que Él está en control de las circunstancias. Es a través de la oración que puedes confesarle a Dios tus dudas, angustias, caídas, pecados, pedirle por su ayuda para vencer las tentaciones y pedirle por el futuro de tus seres queridos. Recuerdo cuando un pastor muy querido por nosotros, el pastor Philip Shuford, me preguntó cuando mis hijos estaban pequeños si yo ya estaba orando por las esposas de ellos y yo sorprendida y con una carcajada le dije que no había pensado en eso, que faltaba mucho. Él me dijo con total seguridad: "Barbara, el tiempo pasa muy rápido, así que apúrate, ya vas tarde". ¡Y cómo me he apurado! No dejo de orar por mis hijos y por mis futuras nueras y nietos.

La oración te permite reconocer quién está en control de tu vida y nunca apartarte de quien más te ama: Dios.

El fracaso lo percibimos como algo que pretende anular todas las esperanzas e ilusiones que tenemos sobre el futuro. Por eso es muy importante, como yo misma lo aprendí a través de mis caídas, que comprendas que el éxito no es la ausencia del fracaso. Aunque te parezca difícil de creer, la verdad es que el fracaso nos acerca al éxito. El fracaso es importante para alcanzar el éxito, si lo ves como una oportunidad para aprender. Allí está lo más difícil de entender, porque cuando te encuentras en medio del fracaso lo último que piensas es que te encuentras más cerca del éxito. La realidad es que, si no te caes, no habrás progresado. Sin fracaso no hay progreso. Estoy de acuerdo en que no es fácil asimilar los momentos del fracaso, pero, como mencioné en mi primer libro, no vemos nada bueno alrededor de las circunstancias enmarcadas en la derrota y damos por sentado que después de fracasar no existe nada más.

El fracaso en sí mismo es una oportunidad para aprender a utilizar las herramientas existentes en uno mismo y para disponernos a buscar las que necesitamos adquirir para salir adelante y emprender nuevamente el camino del éxito.

Por otra parte, el éxito en sí no debe ser visto como el destino final del camino, sino más bien como el trayecto, una forma de vivir. El éxito se lleva en uno mismo todos los días, no esperes que el mundo te lo traiga, por el contrario, es necesario que vivas con actitud de éxito, porque los que se detienen nunca ganan y los que ganan nunca se detienen.

El fracaso puede vencerte si no le entregas el control a Dios

Por lo general las personas en épocas de dificultad y crisis se aferran a diferentes enseñanzas y prácticas esotéricas: horóscopos, mantras, ocultismo, suerte e infinidad de creencias opuestas a Dios. Esto es debido a la necesidad de obtener respuestas inmediatas, es el deseo natural del ser humano de controlar lo que va a suceder, es también el reflejo de creencias abonadas en la cultura de una sociedad. Es la evidencia de la falta de conocimiento o del no creer en la Palabra de Dios.

A muchas personas, pueblos y países, les cuesta creer en la Palabra de Dios y lamentable y seguramente pasarán por tormentas mayores en sus vidas que los llevarán a recapacitar, al arrepentimiento y a entender de rodillas que a quien deben sujetarse con todas sus fuerzas es a Dios. De no ser así, seguirán igual o en situaciones cada vez peores, como si estuvieran dentro de un espiral que nunca termina de girar en su descenso por un barranco.

En una oportunidad, mientras reflexionaba sobre los versículos que se encuentran en Efesios 2:11-22, recordé que antes de tener una relación estrecha con Cristo me encontraba completamente separada de Él, solo reconocía a Dios en mi vida, pero no conocía a Cristo. Existía una muralla entre Él y yo como la que existía entre judíos y gentiles. Los primeros se consideraban el pueblo elegido de Dios, quienes seguían las leyes; los gentiles, por el contrario, estaban ajenos a estas leyes y no podían traspasar la barrera que rodeaba el santuario. De la misma manera, así como la muerte de Cristo eliminó las barreras que existían entre Dios y los seres humanos y con Su sangre pagó por nuestros pecados ante Dios, así también quitó las barreras que existían entre judíos y gentiles, aunque muchas personas se mantengan por el libre albedrío, es decir que se mantienen exclusivamente por decisión del ser humano.

En mi caso, entendí que Dios no quería que me relacionara con Él a través de leyes, ritos, templos, etc. Pude comprender que Dios deseaba que me relacionara directamente con Él y reconociera a Cristo en mi vida y entendiera que Su sacrificio fue también por mí. A través del Espíritu Santo podemos tener una relación directa con Dios, ya que este nos capacita para tener una relación personal y sincera con Dios sin barreras entre Él y uno. Solo a través del Espíritu es que podemos reconocer a Jesús y mantener una relación directa, constante y estrecha con Dios mismo. Esta es mi experiencia, este es mi testimonio y gracias al Espíritu Santo puedo testificar que tengo una relación estrecha con Cristo y puedo crecer día a día en mi fe. A través del Espíritu Santo puedo tener esperanza a pesar de las situaciones o dificultades que enfrenté, y también puedo reconocer la grandeza del amor de Dios en mi vida. Gracias le doy al Espíritu Santo, ya que puedo decir que mi existencia tiene vida porque Cristo vive en mí (Juan 14:26, Romanos 15:13, 1 Corintios 6:19-20).

He comprobado en mi propia vida cómo Dios me ha sostenido cuando he caído por el pecado, también cuando he sido víctima de circunstancias o del mal de otras personas. Dios nos ha sostenido en los momentos que mi familia y yo hemos pasado por situaciones difíciles, Él ha escuchado nuestro clamor y nunca nos ha abandonado. Por experiencia propia, te puedo dar mi mejor consejo: deja tus situaciones en las manos de Dios. Esto no quiere decir que no serás parte de las acciones, por el contrario, tu participación será parte del plan que Dios tiene pensado para ti. Las personas creen de forma equivocada que orar no es suficiente. Muchas veces me han escrito a través de las redes sociales diciendo que no se necesitan tantas oraciones, sino por el contrario más acciones. Acciones no han faltado en el mundo, lo que ha faltado y sigue faltando es que la gente crea en la Palabra de Dios y ponga a Dios en control para que se realicen las acciones más acertadas y así podamos lograr salir adelante.

Nunca olvides que la verdadera acción o acciones vendrán como un producto de la oración. Dios te guiará a realizar lo que tú sí puedes hacer para lograr cambios o alcanzar metas y Él hará lo que ni tú ni yo podemos hacer o cambiar. La oración diaria es un acto de bendición, adoración y obediencia, donde reconoces que quien tiene el control de tu vida es quien te creó y te dio aliento de vida: nuestro Padre Dios.

La actitud ante el fracaso y la espera

Todos hemos experimentado momentos de cosecha en nuestras vidas y también épocas de sequía. La vida de todo ser humano se caracteriza por ciclos o cambios continuos, plenos de distintos eventos, circunstancias y acontecimientos de distinta índole. Como expreso siempre en mis conferencias: "Estamos montados en una montaña rusa con bajadas estrepitosas y subidas dificultosas". Y es así la vida. En mi propia experiencia de vida, he experimentado cómo son tales ciclos. He celebrado los tiempos fructíferos y he sufrido como todos las esperas que a veces se hacen muy largas. Todos de alguna manera nos enfocamos en metas, en sueños y en objetivos para satisfacer nuestras necesidades, para crecer, o sencillamente para soñar. Creo que, aunque tengamos tal enfoque, la vida nos mostrará que obtener lo que tanto deseamos toma tiempo, así como el tiempo nos puede mostrar que lo que con tanto esmero perseguimos no es lo que alcanzaremos.

Aunque las circunstancias que rodean la adversidad lleguen a nuestra vida por motivos justos o injustos, es decir, aunque seamos responsables o no de lo que nos ocurre, pienso que los seres humanos tenemos el derecho a nuevas oportunidades que nos permitan reparar, replantear y reconducir nuestras vidas, aprendiendo de las fatalidades de la vida y transformando esos hechos en fuentes de aprendizaje y de crecimiento espiritual. En ocasiones nos resulta fácil analizar las situaciones que se presentan, lo tremendamente difícil que es para las personas salir adelante, superarse y encontrar las fuerzas necesarias para enfrentar la vida con esperanza y optimismo. Por tal razón, son de gran importancia nuestra actitud y las herramientas con las cuales debemos enfrentar esos tiempos de espera, que por lo general están asociados a la necesidad de resistir, de superar obstáculos, continuando hacia el logro y hacia la superación como seres humanos.

Muchos dichos y expresiones populares confirman lo que comento, por ejemplo: "Saber esperar", también hay una máxima espiritual: "El tiempo de Dios es perfecto". No obstante, es necesario que nos detengamos sobre este tema y lo reflexionemos para así encontrar los mejores instrumentos para discernir sobre los plazos de espera, reducir la ansiedad, combatir la frustración, mantenernos en el camino y ser proactivos aunque pensemos que estamos estacionados en una esquina y no vemos ningún avance. Por lo general, cuando no avanzamos, es tiempo de revisar a profundidad nuestra actuación, es momento de decidir mejorar, cambiar y prepararnos para continuar.

Es por lo que comparto contigo algunas reflexiones y te animo a ponerlas en práctica:

1. Considera y entiende que tu vida es como la de todos los seres humanos, con altas y bajas. No te compares con otras personas que circunstancialmente experimentan

momentos de cosecha o con aquellos que solo muestran objetivos cumplidos y sueños alcanzados. Si tuvieses oportunidad de conocer más de ellos, te darías cuenta de otras realidades, tal vez muy difíciles y penosas.

2. Reflexiona sobre tus sueños, metas y objetivos. Repásalos, revísalos y actualízalos. Algunos no son reales, o simplemente no te convienen. Algunos sirven de puente para otras realizaciones. No seas inflexible, no te trates con dureza, tampoco desistas con facilidad. Los periodos adversos requieren de un plan de acción, no de inacción.

3. La adversidad es parte del proceso de vida de todos los seres humanos. Así como hemos aprendido a esperar momentos y épocas de cosecha, es necesario entender que tendremos que vivir épocas de sequía y asumir con decisión la forma de emprender nuevos rumbos y manejar nuevos escenarios. Hay que entender que el NO muchas veces representa una oportunidad.

4. La vida te presentará siempre un menú de opciones. Esto quiere decir que, aunque todo lo sientas perdido y no puedas ver con optimismo un nuevo amanecer, el sol saldrá al día siguiente y muchas veces de forma inesperada obtendrás resultados o encontrarás formas para comenzar a superar lo que estés viviendo. Los puentes que te conectarán con otras calles y avenidas están allí, algunos hay que identificarlos, otros debemos cruzarlos.

5. Cuando la adversidad llega hay que ejercitar el Espíritu que debe estar conectado a Dios, esto te permitirá mirar por encima de las circunstancias y adoptar una visión de lo que viene después. Te animo a que reflexiones diciéndote a ti mismo: "Aquí me encuentro, sin embargo,

es allá donde debo y voy a estar". Cuando pienses en lo que estás padeciendo, hazlo sintiendo que estás en movimiento por un camino de esperanza.

6. La adversidad trae consigo sentimientos adversos y pensamientos tóxicos, como el de la culpabilidad. Lo importante es cómo batallarlos en tu mente y espíritu, sabiendo que también forman parte del proceso y que es necesario combatirlos. Algunas fórmulas interesantes son el recordar con entusiasmo victorias alcanzadas y logros emblemáticos en tu vida. Otras te llevan a valorar quién eres y a quién tienes contigo. Igualmente es posible generar actividades de servicio y de apoyo a otros seres humanos que atraviesan situaciones similares. Te sorprenderán las historias y te darás cuenta de que, mientras eres útil, aprenderás de las experiencias de otros.

7. Es imprescindible pensar que la adversidad te pondrá a prueba. Esta prueba sirve para medir tu capacidad de sobrevivencia y reforzar sentimientos y emociones importantes que definen tu carácter. La gente común y los grandes líderes vivieron vidas difíciles y hasta crueles, sin embargo, dieron la batalla y se enfocaron en luchar con valentía para no ser aplastados por otros, ni por ellos mismos.

8. Al confrontar la adversidad, debes buscar ayuda y analizar lo que te ocurre tomando en cuenta otras perspectivas y experiencias. Los problemas y los sentimientos ante las crisis, cuando son bien compartidos, se perciben de forma diferente y a partir de allí te sorprenderás con el

menú de opciones y con los puentes que podrían conectarte con otras realidades, muchas veces inesperadas.

9. Los valores familiares y los amigos verdaderos son elementos clave para tu recuperación. Comunícate sinceramente y obtendrás más apoyo del que creías posible.

10. Lo más importante siempre será tu fe, la manera en que abras tu corazón para recibir bendiciones que te hagan más fuerte y generen mayor determinación en tus actos. Las pruebas abren canales para la gracia divina, podrás observar cómo estarás más cerca de alcanzar un nuevo nivel, con la seguridad de que todo ayudará para bien.

11. Mantente inspirado, optimista y con sentimientos esperanzadores. Combate los sentimientos de perdedor que el subconsciente almacena. Cierra las puertas al pesimismo. Desecha recuentos de malas experiencias que afecten tu buen estado de ánimo.

12. Recuerda siempre que el tiempo de Dios es absolutamente perfecto y que la perseverancia y la paciencia son dos excelentes aliados en el proceso de saber esperar.

¡Atrévete

a tener una actitud de
valentía ante el fracaso!

CAPÍTULO 6

Dejando huellas

¡CONSIDERO PARTICULARMENTE QUE CADA PERSONA debe asumir el compromiso consigo mismo como líder y hacer de su propia vida la "empresa que trascienda" para dejar huellas!

Durante mis conferencias y charlas alrededor del mundo, insisto mucho sobre la importancia de considerarnos líderes de la existencia que Dios nos dio. Al asumir nuestro propio liderazgo, es que realmente comenzamos el tiempo de formación, inspiración e introspección, logrando así adquirir una verdadera capacidad de análisis de nuestras fortalezas. Esto nos conducirá a adquirir un mayor nivel de confianza en uno mismo. La decisión firme de asumir nuestro liderazgo también nos permitirá analizar con más profundidad aquellas áreas que debemos reconducir, afinar o desechar para así poder ir en busca de la excelencia. No se trata de perfección, porque esta solamente le pertenece a Dios, no obstante, tenemos la posibilidad de ser cada día mejores y esa es la clave del éxito personal. Para lograr convertirte en el líder de tu propia existencia, es imprescindible que hagas buen uso de tus aptitudes, que logres un manejo coordinado de tus palabras y tus acciones, con un pensamiento positivo y un corazón lleno de fe en Dios, buscando siempre y con constancia la excelencia en todas las áreas de tu vida.

La excelencia personal muchas veces la relacionamos solamente con el hecho de alcanzar metas o propósitos profesionales. Y no es que esto no sea importante, sin duda lo es, porque es un reto llegar a realizar los sueños profesionales que tenemos. Pero, si nos ponemos a ver con una lupa, podemos examinar la vida de muchas personas que han alcanzado sus metas tan anheladas y que son o han sido muy exitosas, sin embargo son personas carentes de un desarrollo personal positivo. En algunos casos están llenas de resentimientos o son presas de hábitos negativos que denotan su poca preocupación por su crecimiento personal. Por lo tanto, estas personas no han logrado realmente la excelencia personal, seguramente están orgullosas de sí mismas porque han logrado sus objetivos profesionales, pero solo ha sido eso. La excelencia personal se trata de ser cada día mejor como ser humano.

Hoy por hoy se habla mucho del liderazgo de la mujer y se realizan importantes y reconocidos eventos y conferencias en todo el mundo. Estos congresos intentan aportar conocimiento, apoyo, soluciones e inspiración mostrando las experiencias de vida personal y profesional de mujeres ejemplares en diferentes áreas de la sociedad. Por ejemplo, en los últimos años se han destacado movimientos como el #MeToo, el cual ha ganado gran notoriedad, en especial para aquellas mujeres que han sido víctimas de abuso o agresión sexual. Fue sorprendente que, cuando el movimiento se hizo público, en menos de veinticuatro horas se habían unido más de medio millón de mujeres y más de ochenta países habían utilizado la etiqueta en las redes sociales. También existen eventos considerados feministas, que desean que la mujer logre justicia e igualdad en diferentes ámbitos de la sociedad. En muchos casos intentan apartar a la mujer de conceptos importantes para ella misma, relegando la figura del hombre a un segundo plano y esto no debería suceder. En la búsqueda de la igualdad tenemos que resaltar el valor del rol del hombre y la mujer en la sociedad, debemos ser equipo, cada uno tiene roles diferentes que nos permiten complementarnos en diferentes funciones. Somos iguales en nuestra dignidad esencial y humana, como también en el amor y en la protección que Dios nos otorga a cada uno.

La idea de este capítulo es compartir contigo algunas reflexiones del liderazgo que debe asumir la mujer cristiana con un mayor compromiso, con determinación, sin temor y con la autoridad que representa el ser hija de Dios.

En primer lugar:

- Todas las mujeres tienen un potencial al liderazgo. Una de las cosas que detiene el avance de las mujeres en general es el mito de la mujer excepcional: la creencia que las mujeres que son líderes son, por alguna razón, excepcionales. Pensamos que son muy distintas de otras, y que nadie las puede igualar o superar con educación y entrenamiento.

- La diferencia con las demás mujeres es que esa líder, que consideramos excepcional, realmente cree que es una líder, está convencida de ello, por lo tanto, lo que la hace excepcional es que asumió su liderazgo, a diferencia del resto de las mujeres.

La mujer cristiana debe creer que es una líder, la diferencia con otras mujeres no creyentes es que sabe que su liderazgo depende de Dios y de lo que Él ha hecho en su vida, por lo tanto, tiene humildad para ejercer su liderazgo.

En segundo lugar:

La mujer líder se debe destacar ante todo por el liderazgo de su propia vida, es decir, la manera en que conduce su propia existencia. La mujer no solo es líder por la actividad profesional que realiza. Por lo general, esa es la idea que tenemos sobre la mujer líder, que solo se destaca profesionalmente y esto la convierte en líder. En el caso de estar casada y tener hijos, esa es su primera y más importante asignación como líder de su vida. Recuerda, los negocios o la actividad profesional pueden ser exitosos y durar años, sin embargo, podrían sufrir cambios y no lograr el éxito soñado o verse en la necesidad de cambiar de área de negocio y comenzar de nuevo. Por eso es importante que la mujer esté muy consciente de que, por encima de su empresa, oficio y empleo, debe existir el liderazgo sobre su propia vida, que es aquello que debe ser de excelencia. ¡Esto realmente te permitirá llenarte de fuerzas y soportar con paciencia, cuando las circunstancias a tu alrededor no sean positivas!

La mujer cristiana no es perfecta, pero sí busca la excelencia en lo que hace, piensa y habla. La mujer cristiana habla con palabras buenas y positivas, escucha música o lee libros que elevan el espíritu, no hace eco de aquellos que destruyen los valores. La mujer cristiana sabe qué contestar cuando la ofenden, sabe a quién seguir en las redes sociales y qué programas ver en la televisión. Y, aunque el mundo diga que la mujer cristiana es fanática, ella es mucho más que eso, porque la persona fanática de un equipo está en las buenas cuando este va ganando, sin embargo la mujer cristiana está en las buenas y en las malas, porque no sigue a un equipo, ella juega bien sus posición dentro del campo deportivo, ¡es parte del equipo de Dios!

En tercer lugar:

¡La grandeza del liderazgo de la mujer será más evidente en la medida en que dependa más de Dios!

El mundo de hoy nos presenta un liderazgo definido por:

- El humanismo
- El materialismo
- Los placeres

Muchos llegan a ser líderes de esta manera, pero siempre me digo: *Sin Dios, no se conoce realmente el gran significado del liderazgo.*

La historia está llena de líderes que no reconocieron a Dios en sus vidas y sus corazones se llenaron de ego, de resentimiento y del único propósito de satisfacer sus deseos en todos los sentidos. Muchos piensan que este tipo de liderazgo los hace libres e ilimitados. Todo lo contrario, somos limitados y presos del mundo cuando no conocemos ni seguimos a Dios, por lo tanto somos realmente libres e ilimitados cuando dependemos de Dios.

En cuarto lugar:

Una mujer guiada por el Espíritu de Dios tendrá discernimiento espiritual. *Discernir* viene de *cernir*, y cernir es separar. Es como pasar la arena o la harina por un colador, donde queda atrapado lo que no debe estar del otro lado.

La empresaria que no conoce a Dios puede tener intuición y experiencia, pero la embajadora de Dios tiene una cualidad superior que la destaca, porque tiene discernimiento.

Proverbios 31:10-31 relata cómo actúa una dama que gerencia, una verdadera líder.

Tú, mujer, tienes un potencial de liderazgo que debes asumir como hija de Dios y embajadora de Él en esta existencia.

- La mujer cristiana destaca por su humildad.
- La mujer cristiana busca la excelencia personal por encima de la profesional.
- La mujer cristiana no es aficionada de Dios, es parte del "equipo de Dios".
- La mujer cristiana sabe que la grandeza de su liderazgo será en la medida en que dependa cada día más de Dios y en esa medida adquirirá más discernimiento espiritual.

Recuerda mi frase:

"No importa que la vida deje huellas en mí, lo importante es dejar huellas en la vida".

¡Atrévete
a dejar huellas!

Parte dos

INTEGRALMENTE
BÁRBARA

CAPÍTULO 7

Un matrimonio lleno de complicidad

SERÍA UN ERROR PENSAR QUE, a través de los años, la sociedad debería permanecer estática en sus características y en sus avances. La realidad nos muestra que con el transcurso del tiempo los valores, apreciaciones, normas sociales, actitudes y las conductas en general de las personas han ido cambiando como consecuencia de la transformación ineludible de las estructuras sociales, económicas y culturales. En atención a esto, por ejemplo, sabemos que hoy en día la juventud en su mayoría considera el matrimonio como caduco, pasado de moda y tiene una tendencia a rechazarlo. La razón puede ser que anteponen la supremacía de la superación personal o debido a que toman una actitud contraria basada en las experiencias y vivencias de matrimonios en sus propias familias. Ejemplo de ello pueden ser las desavenencias o separaciones de sus padres o incluso el haber sido víctimas de violencia doméstica.

En los países europeos se encuentran cada vez más personas solteras y sin compromiso matrimonial. Según estudios, anualmente en Europa la media de matrimonios es de cuatro por cada mil habitantes. En los años noventa el número era de seis por cada mil habitantes. Es decir, a medida que pasan los años, son menos las personas que toman la decisión de comprometerse en una relación matrimonial. Estos estudios también han demostrado que existen ciertas causas en particular que en Europa llevan a los jóvenes a desechar el matrimonio. Entre estas causas se destaca el problema de la vivienda, cuyos precios se hacen cada día más prohibitivos al mismo tiempo que las opciones de trabajo son cada vez más escasas, a pesar de que existen más jóvenes preparados en áreas profesionales. Los trabajos disponibles son generalmente temporales o de muy baja remuneración (el 75 % de los contratos laborales que firman hoy en día los jóvenes en Europa son temporales). Otra de las causas es la dificultad de la emancipación, gran parte de la juventud en el mundo se enfrenta a diversas dificultades para emanciparse. La generación milenial comparte un deseo de independizarse de sus padres y vivir sus propias aventuras, no obstante, muchos de estos jóvenes, debido a la problemática de no poder conseguir buenos trabajos y los altos precios de la vivienda, se ven obligados a continuar viviendo con sus padres.

En los Estados Unidos también se refleja un aumento en los porcentajes de personas que desisten de la idea del matrimonio. Según estudios recientes cada vez más personas entre los dieciocho y sesenta y cuatro años deciden no casarse. Un factor que influye en este incremento surge de la decisión de las parejas de casarse cada vez más tarde y vivir juntos primero. Se prevé que el declive del matrimonio entre personas jóvenes se seguirá pronunciando cada vez más en el futuro de los Estados Unidos. Adicionalmente las investigaciones realizadas por el IFS (Instituto de Estudios Familiares) muestran que las personas menores de treinta y cinco años y que no tienen una educación universitaria son más propensas a permanecer solteras. Por lo tanto, el matrimonio sigue siendo la norma para aquellos quienes tienen una educación universitaria.

En Latinoamérica se ha visto un descenso de los matrimonios, sin embargo, no en la misma escala que en Europa o en los Estados Unidos. Los factores son muy similares a los que se evidencian en otras partes del mundo: alto costo de vida, dificultades para encontrar mejores trabajos, facilidad de convivir sin ataduras. Otra causa importante que conduce a que se incremente el rechazo al compromiso matrimonial y que está impactando a jóvenes en el mundo es el miedo al compromiso.

Muchas veces —y más de lo que pensamos— ese mismo miedo al matrimonio empieza en el noviazgo. Y esto se ha promovido más hoy en día en la sociedad, con ideas como el deseo de vivir el presente sin querer atarse a ningún proyecto de larga duración o la necesidad de sentirse libres, pensando erróneamente que la libertad les permitirá a las personas mantener sus vidas alejadas de problemas tales como la frustración, dolor, pena o culpabilidad, productos de una posible separación o el desamor. Y hago énfasis en la palabra *mantener* porque se puede entender que a estas personas que hoy en día rechazan el matrimonio como una opción en sus vidas no les queda muy en claro qué es lo que realmente significa *mantener*. No es sinónimo de obligación, es parte del compromiso de amor entre dos personas que desean permanecer unidas para toda la vida. Es decir, algunas personas optan por no hacerse ilusiones sobre las relaciones de pareja. Todas estas ideas y muchas más han producido en la mente y en el corazón de las personas la falta de interés por plantearse la posibilidad de una relación firme y duradera.

Personalmente considero que la juventud debería tener como norte la defensa del matrimonio y la familia como una manera de prepararse en forma responsable para el futuro. Si bien es cierto que el matrimonio significa una forma de vida distinta y una nueva etapa de convivencia para todas las parejas, no es menos cierto que en la actualidad se dispone de mayor preparación y herramientas para aprender y para manejar más acertadamente las capacidades afectivas y emocionales. También se puede desarrollar conciencia, mejores actitudes y un sólido juicio para decidir con quién se desea formalizar la relación de pareja y traer hijos al mundo (los cuales nunca tienen que ser los culpables de nuestros errores, limitaciones, falta de sensatez o falta de preparación). La misma sociedad es culpable de promover ideas como el temor al compromiso, la falta de confianza por no llegar a estar a los niveles de las obligaciones que son parte de una relación formal o el hecho de que el amor no es duradero. Todas estas causas, y no dudo que muchas más que quizás los estudios no destacan, han hecho que las personas pierdan la valentía de enfrentar algo tan hermoso como es el vínculo del matrimonio.

Las personas necesitan esmerarse en la preparación para el matrimonio, teniendo aún más empeño de aquel que se desarrolla en la formación profesional. Siempre pensé: *¿Qué gano en la vida si logro grandes éxitos profesionales, pero soy infeliz en mi vida familiar?* Para mí era cuestión de casarme o de nunca hacerlo si no encontraba un compañero que fuera totalmente opuesto al patrón de vida tan infeliz que sufrí. De jovencita pensé infinidad de veces que, solo si encontraba a un hombre que fuera buen hijo, hermano y amigo —condiciones para mí de extrema importancia—, me casaría; de lo contrario me quedaría soltera. Y fue una bendición que a pesar de tantas injusticias vividas no quedé traumatizada pensando que formar una familia y edificar un matrimonio no era una opción para mí. Este tipo de experiencias —consciente o inconscientemente— se convierten en factores de rechazo y alejan en muchas ocasiones a las mujeres, víctimas de abuso, de la oportunidad de creer en el matrimonio y reenfocar así sus vidas.

Personalmente me producía mucho temor el enamorarme de un hombre con falta de control emocional. Este pensamiento rondaba mi cabeza, en especial después de que tuve la oportunidad de escuchar a varios psicólogos hablando sobre la violencia doméstica. En diferentes eventos a los que asistí de las fundaciones que apoyaba, los psicólogos comentaban que en ocasiones las víctimas que no sanaban podían buscar inconscientemente a parejas que las harían víctimas de agresión o que podían convertirse en un victimario o agresor una vez que tuviera su propia familia. No puedes imaginar el miedo que me quedaba en el corazón al pensar que inconscientemente pudiera enamorarme de alguien que me hiciera su víctima. Esto me daba muchísimo temor, y mucho más miedo me producía la posibilidad de que pudiera convertirme en un agresor por no haber sanado internamente.

Como bien indicaban aquellos psicólogos y los estudios que realicé durante mi máster en teología, las heridas que no sanan pueden abonar resentimientos, profundas secuelas psicológicas, depresión, baja autoestima y mala relación de pareja. También dan pie a la desconfianza, miedos, culpabilidad, vergüenza, ira e incapacidad para manejar las emociones, fobias y ansiedad; y pueden generar comportamientos autoagresivos y autodestructivos, estrés traumático e intento de suicidio, entre otras consecuencias. Esas mismas personas que una vez fueron víctimas de abusos pudieran convertirse potencialmente en agresores de su futura familia. Estos estudios también confirman que aquellos varones víctimas de abuso en su niñez o adolescencia tienden en un gran porcentaje a repetir esos patrones convirtiéndose ellos en victimarios. Y un gran porcentaje de las mujeres buscan de forma inconsciente ser víctimas durante toda su vida.

Siempre pensé en escapar de la condición de víctima y decidí poco a poco sanar mis heridas con la confianza y seguridad de que Dios era mi Padre. Desde entonces lo abracé con todas mis fuerzas, para que nunca me dejara ni se apartara de mí. Como dice en Salmos 18:35-36: "Tú me cubres con el escudo de tu salvación, y con tu diestra me sostienes; tu bondad me ha hecho prosperar. Me has despejado el camino, así que mis tobillos no flaquean" (NVI).

En mi época de adolescente me interesé en escuchar a otras personas con historias similares a la mía para entender cómo lograron perdonar. A través de Dios aprendí a perdonar, sanar y superar mis tristezas y dolores, para así seguir adelante con la firme convicción de que me enamoraría de un hombre con base en una relación de respeto por sobre todo. El respeto y la admiración, cuando están basados en los valores, producen una gran inspiración y una inmensa satisfacción al comprobar cómo las cualidades de la otra persona impactan la vida de uno. Nunca olvidaré un artículo que hablaba sobre el grave problema que es la falta de admiración dentro el matrimonio, ya que esta puede afectar inevitablemente la complicidad de la pareja y su relación futura.

Mi novio eterno

La complicidad es lo que ha caracterizado mi relación con Víctor, mi esposo, desde antes de que nos casáramos en 1988. Fuimos novios por siete años y, aunque estuvimos separados por dos años, siempre supe que volvería con él y que un día nos casaríamos. Desde que lo conocí vi en él su gran calidad como ser humano, su honestidad y el amor por su familia: era un estupendo hijo, hermano y el mejor amigo de sus amigos; además se destacaba en su profesión siendo tan joven, y había sido un excelente estudiante. Tenía todo con lo que había soñado, y además era muy guapo. A los diecisiete años conocí a Víctor, cuando fui con mi mamá a un evento de teatro. En aquel entonces estaba todavía saliendo de muchos problemas personales, recuperándome y buscando sanar. Desde que lo conocí existió en nosotros un interés mutuo, aunque pensé que, al ser él mayor que yo por siete años, jamás se fijaría en mí; y yo tampoco estaba buscando novio, era en lo que menos pensaba a esa edad. Sin embargo, él sí se fijó en mí, y siempre bromeamos diciendo que él fue quien primero se enamoró. Unas semanas después me empezó a llamar, así fue como empezamos a salir y la relación de amigos se convirtió en un noviazgo. Con el tiempo y al conocer más de su vida quedé impresionada con su carácter, personalidad y lo trabajador, responsable e inteligente que era, al igual que su inmenso deseo por ayudar y apoyar a los suyos. Empecé a admirarlo, y esa misma admiración me enamoró cada vez más de él (y me sigue enamorando hasta el día de hoy). Tuve la gran bendición de conocer a un gran hombre, a quien admiro profundamente por sus valores, por el respeto a los principios y a Dios.

Siempre le pedía a Dios en mis oraciones que el día que me enamorara fuera de un hombre a cabalidad, una persona que representara las virtudes que debe tener todo ser humano. Un hombre que, por encima de todo, me respetara, apoyara y me complementara; por eso y más admiro profundamente a mi esposo. Víctor siempre ha tenido como propósito de vida dar lo mejor de sí a su familia, siempre se ha destacado por darnos todo su amor, protección, apoyo y guía; es un estupendo consejero, maravilloso padre, fiel esposo, amigo como ninguno, y justamente esto último fue lo que lo convirtió en mi mejor cómplice y en mi novio eterno.

Una de las cosas que más me impresiona de algunas parejas que he conocido es que justamente al tema de la amistad o de la complicidad no se le da la importancia que tiene con respecto a la edificación y fortalecimiento de una relación de pareja. Cuando me preguntan qué es lo que ha hecho exitoso mi matrimonio durante las tres décadas que tenemos juntos —este año cumpliremos treinta y un años de matrimonio— contesto que la complicidad ha sido un factor vital en nuestra relación. La verdadera amistad que tenemos nos ha permitido contarnos todo, compartir lo bueno y lo malo, vivir los sinsabores y los triunfos; nos ha permitido llorar juntos o reír de nuestras propias complicidades. Cuando eres cómplice de tu pareja no necesitas de nada más para sentirte feliz a su lado. La complicidad nos ha permitido conocernos profundamente. Víctor y yo sabemos cómo pensamos y podemos predecir nuestras actuaciones. La confianza, producto de la complicidad, es uno de nuestros grandes activos, sin embargo, el mayor éxito es el hecho de que mi esposo y yo invitamos a Dios a ser parte de nuestras vidas para que Él siempre sea el centro de la familia. Dios está en medio de nuestra relación, Él es quien ha sostenido nuestro matrimonio, edificado nuestro hogar y a través de todos estos años ha fortalecido nuestro espíritu.

La fragilidad de las relaciones, y en gran parte la ruptura de ellas, es por la falta de Dios en medio de la pareja.

El ser humano es limitado y, en consecuencia, las parejas en medio de los fracasos o situaciones difíciles lamentablemente se pueden convertir en grandes enemigos, como consecuencia de la frustración del momento. Muchos se desilusionan por las circunstancias complejas que tienen que atravesar y entonces empiezan los desencuentros, las conversaciones se llenan de quejas, de agresividad y en muchas ocasiones de palabras que nunca han debido decirse, provocando grandes abismos entre los dos. Igualmente comienza la disparidad en las ideas o en los planes a realizar y la falta de armonía comienza a resquebrajar la relación. Muchos temen decir lo que sienten, pensando que su pareja no les entenderá, o, en otros casos, tampoco saben cómo expresar su sentir sin ofender al otro. En definitiva, el estrés de las situaciones altera a las parejas y las convierte en islas dentro de sus propios hogares, y cobrando grandes consecuencias con el tiempo y contabilizando poco a poco la separación entre los dos.

Es por eso que la complicidad es vital en una relación, si estás casada tu pareja debe ser tu mejor amigo y viceversa. Aún me sorprende cuando escucho a mujeres que no consideran a sus esposos sus mejores amigos, o los mismos hombres que dicen no tener esa amistad con sus parejas. En esos casos seguramente se podrán presentar grandes distancias, aunque las relaciones matrimoniales puedan parecer sólidas, ya que al pasar por el fuego de alguna prueba experimentarán lo lejano que están el uno del otro.

Pon tu noviazgo o relación de pareja en los estándares que Dios tiene previsto para cada uno de nosotros.

Cuando seguimos a Dios, Él nos sujeta a estándares más altos que no consideraríamos importantes o vitales en nuestra relación de pareja si no fuera por su presencia. Las personas en medio de las crisis pueden ser muy egoístas en su pensamiento y acciones, sin embargo, si pensamos en lo que Dios quiere para nosotros encontraremos la clave para salir adelante y no permitir que nuestro matrimonio se hunda, por causa de nuestras decisiones. Por supuesto, en la relación los dos tienen que procurar mirar hacia Dios, uno solo no sostiene el matrimonio. No obstante, aquel que tiene a Dios en su corazón, aun cuando su pareja no lo ha reconocido, si ora por él o por ella, será testigo de los grandes cambios que con seguridad pueden ocurrir en sus vidas (Malaquías 2:14).

Dios tiene un plan diseñado para el matrimonio y la vida en familia. En un matrimonio donde Dios es el centro existirá crecimiento espiritual en la pareja, y en la vida de sus hijos estarán presentes las promesas de Dios.

La obediencia y dependencia de Dios nos darán confianza, nos llenarán de paciencia en medio de los procesos y nos otorgarán la fuerza necesaria para estar preparados y poder combatir las batallas que la vida traerá. Solo Dios puede reparar las fracturas en tu relación, solo Dios puede darte la comprensión y las palabras correctas para esos momentos difíciles donde se requiere de Su amor para aceptar, reflexionar y buscar las soluciones a las diversas situaciones por las cuales pasarán las parejas a lo largo de su relación, recordando siempre que Dios los unió para ser uno solo (Génesis 2:24).

El matrimonio es tan importante para Dios que compara la relación de la iglesia con la relación matrimonial.

El amor de Cristo por la iglesia debe ser un ejemplo para nosotros. La pareja que pone a Cristo como centro de sus vidas buscará en todo momento el bienestar del otro, sin egoísmos, ni recelos de ningún tipo. El crecimiento espiritual de la pareja será un reflejo de la cercanía diaria de Dios y Él seguramente protegerá esa unión (Efesios 5:25-26a).

Algunos pensamientos de mi familia

Mi esposo, Víctor:

Todos nos casamos con la ilusión de formar una familia para toda la vida. No obstante, lo más importante es construir una familia con base en el matrimonio, lo que considero el más grande de los regalos que Dios nos puede brindar. Sin Su bendición, Su protección y Su inmenso amor, no seríamos capaces de disfrutar la belleza del matrimonio. El matrimonio es esencialmente amor profundo, y su verdadero valor radica en la comprensión, la complicidad incondicional, el respeto y la admiración mutua. Estos son los elementos esenciales que por lo demás tienen que ser eternos.

Como esposa, Bárbara nos enseñó:

1. A demostrar amor superior por la familia y a defendernos por encima de toda circunstancia.
2. A respetar y admirar las cualidades de cada uno de nosotros.
3. A valorar nuestra privacidad y nuestros momentos.
4. A encontrar alegría y optimismo aun en medio de las circunstancias difíciles.

5. Lo que significa el liderazgo de la madre y de la mujer, para guiar y proteger a la familia.
6. Lo que es ser un ejemplo de madre, esposa y compañera que nunca se entrega ni se doblega ante la adversidad.
7. A ser más generosos de lo que creemos que podemos ser.

Mi hijo, Diego Alfonso:

1. ¿Qué has aprendido del matrimonio de tus padres?

Cuando se aprende un idioma, una de las mejores maneras de hacerlo es a través de la inmersión. Y no solo así es como se aprende un idioma, también es esto cierto en muchas áreas de la vida, la inmersión representa un elemento clave para aprender efectivamente. Algo que aprendí a través de mi hogar al ver la manera cómo se trataban mis padres en su matrimonio es la gran importancia de ser comprometido el uno con el otro, en lo bueno y en lo malo. Muchas veces las personas buscan relaciones románticas simplemente por el hecho de estar con esa persona, eso los hace felices y se sienten satisfechos. Aunque eso es algo bueno, no es suficiente. En las relaciones románticas y en el matrimonio, se debe buscar alguien con quien puedas celebrar los momentos buenos, pero también alguien con quien puedas compartir dirección y consuelo en los momentos difíciles. La vida está llena de dificultades y un buen matrimonio es un trampolín que te ayuda a saltar barreras, no algo que en sí mismo se convierta en una barrera.

2. ¿Qué piensas, como joven cristiano, sobre el matrimonio?

Vivimos en un tiempo en que el matrimonio tradicional no está muy de moda. Pero en mis pocos años frecuentemente he percibido que hay mucha sabiduría en tradiciones y perspectivas antiguas. Y así sucede con el matrimonio. La perspectiva cristiana nos enseña que el amor romántico existe para ser edificado en el matrimonio, y es dentro del matrimonio que el amor experimenta su nivel más profundo, no fuera de este. Si Dios ha creado el mundo y al ser humano, el ser humano podría aprender mejor a cómo vivir en su mundo al poner su confianza en Dios.

3. ¿Qué importancia tendrá en tu vida?

No puedo saber cómo es el futuro. Creo que el cristiano tiene que estar dispuesto a permanecer soltero, si es el llamado de Dios para su vida. El Nuevo Testamento indica que el matrimonio no es necesario para la vida cristiana y que pudiera incluso distraer nuestra misión como cristianos. Pero al mismo tiempo la Biblia nos dice que el matrimonio es un regalo bueno que nos da Dios y que es una de las representaciones más tangibles del misterio y la belleza del evangelio. Pensando de manera práctica, solo me gustaría casarme con alguien con quien comparta un sentido de llamado y alguien que en nuestra relación saque lo mejor de los dos, especialmente en referencia a ese llamado de Dios que hayamos percibido en nuestras vidas.

Mi hijo, Víctor Tomás:

1. ¿Qué has aprendido del matrimonio de tus padres?

El matrimonio de mis padres me ha impactado en maneras que nunca imaginé. Crecí en un hogar viendo y sintiendo el amor que mis padres tienen entre ellos. Cuando era joven pensaba que el matrimonio de mis padres era algo normal, pero luego de adulto me di cuenta de que es una relación única en el mundo de hoy.

Ahora como un hombre de veinticinco años, entiendo la bendición que Dios me ha dado de tener padres que se aman sin límite, se protegen, se apoyan y constantemente aprenden el uno del otro y siguen creciendo en su matrimonio emocional y espiritualmente.

No hay palabras para describir lo agradecido que estoy de tener a mis padres como un ejemplo tan perfecto de lo que significa la unión matrimonial. He aprendido mucho y sigo aprendiendo de la relación tan hermosa de mis padres. Lo más importante que he aprendido es que el amor no es perfecto y que existen momentos difíciles y fuertes, pero, con un matrimonio bueno y sano, recibirás el apoyo que necesitas y para superar las dificultades. De igual manera he aprendido que el matrimonio está lleno de momentos divertidos y emocionantes.

2. ¿Qué piensas como joven cristiano sobre el matrimonio?

Como joven cristiano, pienso que el matrimonio de mis padres es un ejemplo perfecto de una unión basada en Dios. Pienso que cuando un matrimonio no tiene como prioridad la Palabra, esto causa problemas que, sin Dios, no se resuelven. Creo y sé que el matrimonio es algo muy especial y debe ser una relación muy profunda, no solamente con la otra persona, sino también en tu relación con Dios. Sabemos que los seres humanos no son perfectos y por lo tanto no hay relación o matrimonio perfecto, pero, al igual que la vida, la belleza de un matrimonio es poder atravesar momentos difíciles y luchar por ser lo mejor que uno pueda ser para Dios y tu pareja.

3. ¿Qué importancia tendrá en tu vida?

Es difícil expresar con palabras el impacto que el matrimonio de mis padres tendrá en vida, porque ya ha sido muy grande e importante. Solamente Dios sabe el futuro, pero confío en que Dios me puso este ejemplo tan bonito y puro para que yo algún día, en mi matrimonio, pueda ser un ejemplo para mis hijos y las generaciones futuras. Deseo lograr una relación con mi futura esposa fundamentada en Dios, profunda, llena de amor y sonrisas. Estoy muy agradecido por mis padres y siempre le daré gracias a Dios por ellos. De igual manera, estoy muy agradecido por mi mamá, porque, aunque ella no vino de un hogar sano ni tuvo un ejemplo de un matrimonio cristiano como yo, ella pudo ver y entender que el ejemplo que tenía no era bueno y decidió no ser igual a lo que vivió. Mi mamá pudo cambiar la percepción de que un matrimonio disfuncional era lo normal, que quizás fue la percepción que hubo por muchas generaciones en su familia. ¡Mamá, lo lograste! Tus futuros nietos y descendientes tendrán un ejemplo de matrimonio cristiano. Tú y papá han sido lo mejor que les ha pasado a los apellidos Manrique y Palacios. Los esfuerzos y sacrificios de ustedes como matrimonio cristiano han sido una bendición y serán de gran importancia para esta familia.

Aprendí a amar,
Amar con paciencia,
Tener paciencia en los momentos difíciles y fuertes,
Ser fuerte en tiempos de debilidad,
Entender la debilidad de la otra persona y apoyar sin
    preguntar,
Apoyar al que es imperfecto, entendiendo que el amor no es
    perfecto,
Porque solo el amor de Dios es perfecto.
Dios por ti aprendí a amar...

¡Atrévete

a tener un
matrimonio lleno
de complicidad!

CAPÍTULO 8

Ante todo, soy mamá

CUANDO CARECES DE ALGO, POR lo general lo deseas a tal punto que sueñas constantemente con tenerlo, así mismo soñaba yo desde muy joven con tener algún día una familia sana, en armonía, llena de respeto y amor. Por alguna razón inexplicable, innumerables veces me imaginaba los hijos que deseaba tener, pero adultos no pequeños, como es lo más común que ocurre con las personas cuando sueñan despiertas con quienes serán sus hijos. Veía en mi imaginación a dos hombres jóvenes en sus veinte años. El mayor me lo imaginaba muy alto, quien tendría ojos verdes y cabello marrón mucho más claro que el mío. El menor me lo imaginaba con cabello negro y veía que sus ojos serían entre azul y verde. Me fascinaba imaginarme a mis futuros hijos, dos hombres bien parecidos, simpáticos y con mucha carisma. Todo lo que estoy relatando lo conté a mi esposo cuando aún éramos novios, así que él puede confirmar la veracidad de esta historia.

En mis momentos de soledad jugaba a dibujar historias con esas imaginaciones, donde siempre me veía a mí junto a la familia que en un futuro tendría, soñaba despierta que estábamos juntos compartiendo. Una de esas historias que recuerdo por lo mucho que rondaba en mi mente es que me veía con ellos en una casa, donde había un hermoso y gran sofá, detrás del sofá podía apreciarse una vista panorámica a través de una inmensa ventana que se extendía desde el techo hasta el suelo, y por la que se podía divisar un precioso jardín, iluminado por la luz del sol. Me veía a mí misma sentada en el sofá y a mis hijos por detrás, el menor sentado en el respaldo del sofá y el mayor de pie junto a él, como si estuviéramos posando para una fotografía. Me imaginaba que eran fotografías que saldrían en una revista reconocida, aunque en aquel entonces yo ni siquiera pensaba que podría llegar a tener alguna connotación pública o algo similar. No obstante, en mi imaginación, jugaba a que formábamos una familia que las personas reconocían.

Hoy por hoy, mis hijos están justamente en esas edades con las que yo soñaba y es sorprendente, porque en efecto son idénticos a la imagen que retrataba en mi imaginación hace tantos años, cuando solo era una joven que soñaba con algún día tener una familia sana. Es increíble recordar mis visiones, porque desde que estaba embarazada de mi hijo mayor, Víctor Tomás, sabía en lo más profundo de mi corazón que sería un varón, incluso antes de que me lo confirmara una ecografía. Si me hubieran dicho que sería niña, también habría estado contenta y agradecida con Dios, sin embargo sabía que sería el niño que había visto en mi imaginación. Lo mismo me ocurrió con Diego Alfonso quien vino al mundo cuatro años y medio después. En su caso la mayoría de las personas me expresaban con mucho afecto su deseo de que fuera una niña, ya que el mayor era varón. Estos son los típicos comentarios de las personas cuando desean que tengas la parejita, sin embargo, yo, sin saberlo de antemano por una ecografía, no abrazaba ninguna duda de que era mi Diego quien estaba allí dentro de mí formándose para venir al mundo, fuerte e inmenso al igual que su hermano, ya que los dos pesaron sobre los cuatro kilos. Mis dos embarazos fueron estupendos, sin malestares ni complicaciones. Trabaje durante los nueve meses, lo que sí era impresionante eran mis inmensas barrigas mientras el resto de mi cuerpo permanecía muy delgado. Mi doctor, a quien recuerdo con gran cariño, me mandaba a comer constantemente, porque contrario a lo que muchos piensan, pierdo kilos con gran facilidad y justamente durante el embarazo perdía peso, ya que todo se lo devoraban mis hijos, por lo tanto, comía varias veces al día.

El embarazo de Diego Alfonso en los primeros meses fue de mucha expectativa, ya que tenía mucho miedo de que me sucediera lo que había sucedido un año anterior cuando perdí mi bebé de poco más de dos meses. Esta fue una dura y amarga experiencia en mi vida, el perder un bebé en formación. Una mañana me desperté y estaba sangrando, aunque sin tener dolor, me di cuenta de lo que podía suceder, por lo que inmediatamente mi esposo y yo nos comunicamos con el doctor y corrimos a la clínica. Al llegar, me dio la terrible noticia que había perdido a mi bebé, no lo podía creer, no lo quería aceptar. Fue muy duro, caí en un *shock* tan profundo que el doctor no me dejó regresar a casa, me hospitalizaron por varios días. Esos días lloré mucho y también le pedía a Dios que me explicara lo que me había pasado. Fue entonces que entendí que, aunque no obtuviera una explicación, era Su voluntad y en medio de ese dolor sabía perfectamente que Dios estaba allí conmigo, así que no luché con Dios, sencillamente lloré junto a Él.

Mi condición física era excelente, no había nada que mi doctor hubiera podido prever para que ese suceso no hubiese ocurrido, simplemente mi bebé regresó a los brazos de Dios. Cuando estaba por salir de la clínica después de estar unos días recuperándome de ese inmenso dolor que me había dejado profundamente devastada, le pedí al doctor que me dijera si mi bebé había sido niña o niño y me contestó con mucho cariño que no me lo diría nunca para que no sufriera. Él pensó que si me decía cuál había sido el sexo del bebé sería aún más penoso para mí, ya que le daría vida en mi imaginación. Sin embargo, aunque yo había soñado con mis dos varones, ese día al preguntarle al doctor sentí que mi bebé había sido una niña. Hoy por hoy sé que tengo una niña o un niño en el cielo, a quien conoceré cuando Dios me llame a Su presencia. Te aseguro que, cuando llegue ese día, una de las primeras cosas que le pediré a Dios es que me permita conocer a mi bebé.

En mi diario caminar hacia Dios con el profundo deseo de conocerlo más, seguía con la firme convicción de que la única manera de avanzar en mi proceso de crecimiento espiritual era permitir que Él tomara control de mi existencia. De igual manera, desde el primer momento que supe que había un ser humano formándose en mi vientre, anhelé que Dios me diera Su orientación y sabiduría para criar a mis hijos en Su Palabra. Deseaba profundamente que ellos crecieran y se formaran en Su disciplina y amor. Lo que más deseaba era que todo lo que mi familia había vivido en el pasado y la historia en la que yo había sido protagonista quedaran justamente así, en el pasado. Aunque todos somos pecadores, no quería que mis hijos cargaran con los pecados individuales de mi familia. Me propuse evitar que el pasado manchara sus vidas y que ellos tuvieran que vincularse con esos horrores, dolores, pecados y culpas.

Estaba totalmente consciente de que no se trataba de lo que yo podría hacer o de los muros de protección que podía levantar. Sabía que era únicamente a través de Cristo que mis hijos podrían tener una vida diferente y evitar un pasado del que no tuvieron culpa. Deseaba que ellos pudieran, a través de su relación con nuestro Señor Jesús, ser conscientes de sus propios pecados, sus caídas, sus momentos difíciles, al igual que de sus aciertos y victorias y de esa manera comenzar una nueva generación llena de Su Palabra con el propósito de impactar a otros de manera positiva. Por eso, como acto de agradecimiento hacia Dios, al nacer mis hijos les pusimos a los dos el nombre de nuestro Señor Jesús como su tercer nombre. Esto fue para mi esposo y para mí una manera de decirle a Dios que nuestro mayor deseo era que ellos conocieran y aceptaran a nuestro Señor Jesús en sus vidas como su único Salvador. En 2 Corintios 5:17, dice: "De modo que si alguno está en Cristo, nueva criatura es; las cosas viejas pasaron; he aquí son hechas nuevas".

Cuando en el año 2000 decidimos salir de nuestro país, convencidos del largo camino de destrucción que vendría, lo primero que Dios puso en mi corazón fue que tenía que proteger a mis hijos. Así que, a pesar de que mi esposo y yo estábamos cómodos en nuestro país, llenos de trabajo y de lo que habíamos deseado tener y alcanzar, era el momento de salir sin mirar lo que dejábamos o lo que perdíamos, el único propósito era resguardar la familia y mirar hacia adelante, porque había un plan no revelado del que yo en ese momento no era muy consciente.

Para todo inmigrante es un gran reto adaptarse y desarrollarse en otro país, es un proceso que puede tomar tiempo, ya que hay mucho que aprender y es necesario fortalecerte para lograr que la nostalgia no te quite la oportunidad de apreciar lo que está por venir. En mi caso no bastaba con que tuviera amistades o contactos laborales porque había sido y seguía siendo imagen de varias empresas importantes en los Estados Unidos para el mercado hispano, actividad profesional que realicé durante muchos años. Igualmente fue un proceso, ya que es muy diferente visitar y trabajar por temporadas en un país a residir en él sin saber si sería por un tiempo corto o para toda la vida. De lo que sí estaba segura era de que era un nuevo comienzo, el cual al principio siempre está lleno de expectativas e inquietudes. Aunque para todo inmigrante es un proceso, no podemos negar que para muchos significa más que eso, es un durísimo tiempo, lleno de sobresaltos. Hoy por hoy, lamentablemente seguimos viendo hermanos latinoamericanos y muchas personas en el mundo cargando sobre sus hombros las inmensas angustias de las injusticias vividas en sus países de origen. Estas difíciles circunstancias, en muchos casos dramáticas, les hicieron tomar la decisión de dejar su tierra donde ya no tenían ni siquiera esperanza de un futuro inmediato. Muchos dejan sus países únicamente con lo que llevan puesto o con una simple bolsa llena de ilusión, para buscar la oportunidad de comenzar sus vidas en otro lugar donde un país o alguna persona les abra las puertas. No es nada fácil empezar de nuevo, aprender nuevas leyes, justificar un estatus o conseguir una visa de permanencia en un país que le permita a la persona lograr un camino de estabilidad para establecerse y trabajar dignamente.

En mi caso sentí que lo que Dios quería era que viniéramos a vivir a los Estados Unidos. Comprendí en mi corazón que había un plan más allá de que yo quisiera huir de lo que creía que pasaría en mi país. Estaba totalmente en contra de la decisión que había tomado casi todo el pueblo venezolano, el cual había votado y estaba a favor de un gobierno que, yo sabía, había llegado para quedarse —después de su periodo de gobierno— a la fuerza por muchos años más, con intenciones crueles de acabar con todo a su paso, como en efecto hemos podido evidenciar. Juntos en familia pasamos muchas pruebas, pero una gran bendición se materializó porque esas mismas pruebas nos llevaron a reconocer a Jesús en nuestras vidas. Pensaba que ya lo había reconocido en mi vida, porque como he contado a través de los capítulos de este libro, desde pequeña tuve siempre una relación con Dios. Sin embargo, a pesar de conocer a su Hijo Jesús, no tenía una relación con Él y fue así como aquí, en los Estados Unidos a través de la iglesia cristiana comenzamos como familia el proceso de acercarnos a Jesús y reconocerlo en nuestra vida para alcanzar propósito y vida eterna. Como dice en Juan 11:25: "Jesús le dijo: Yo soy la resurrección y la vida; el que cree en mí, aunque muera, vivirá" (LBLA).

Para mi esposo y para mí, fue una prioridad que nuestros hijos, quienes llegaron a los Estados Unidos de seis y dos años, conocieran a nuestro Señor Jesús desde pequeños. Fue así como después de dos años de llegar a Florida mis hijos comenzaron sus estudios en el colegio cristiano. Era maravilloso ver a mis pequeños en esa relación diaria del estudio de la Biblia de manera sencilla y con amor. Así dice Mateo 19:14: "Dejen que los niños vengan a mí y no se lo impidan, porque el reino de los cielos es de quienes son como ellos" (NVI).

Un día mi hijo mayor, Víctor Tomás, me dio un dibujo que aún conservo como tantos otros preciosos que nuestros hijos nos han dedicado desde que era pequeñitos. Ese dibujo en particular fue muy especial, Víctor dibujó dos casas y se veía arriba la imagen de Jesús. Le pregunté qué significaba y él con una carita de felicidad y orgulloso de su dibujo me dijo: "Una casa es la familia aquí en Estados Unidos y la otra es Venezuela, la manera de estar unidos a nuestro país y de llegar a tener a Dios por siempre que está en los cielos es a través de Cristo nuestro Señor". Después de esa hermosísima forma de expresar lo que ese bello dibujo significaba, entendí que Dios podía utilizar todos nuestros momentos difíciles, como el que atravesamos, habiendo emigrado para vivir lejos de la familia de mi esposo, de los amigos y del país que amamos. Percibí que era una forma magistral de decirnos que siempre estaríamos unidos a través de Jesús quien, a pesar de las distancias físicas, nos hace familia y hermanos de corazón.

La enseñanza principal que le di a mis hijos: Reconocer a Jesús

En la medida que una persona reconozca a Jesús en su vida, en esa misma medida verá los grandes cambios y los milagros que espera, pero para eso hay que comenzar el proceso de arrepentimiento, de reflexión y de perdón al prójimo. Solo entonces "enderezarán sus sendas" y comenzará su camino de bienestar, como nos dice Proverbios 3:5-6: "Confía en el SEÑOR con todo tu corazón, y no te apoyes en tu propio entendimiento. Reconócele en todos tus caminos, y Él enderezará tus sendas" (LBLA).

Cuando reconocí al Señor Jesús en mi vida, comencé a experimentar cosas que nunca habían pasado, como el hecho de pronunciar Su nombre sin que me diera pena ante lo que pudiera pensar otra persona de mí. En nuestros países de Latinoamérica, es muy común que cuando cambias de denominación religiosa puedes ser criticado y señalando como fanático. Muchas personas me han preguntado: "¿Por qué te cambiaste de religión?". A lo que les contesto que no me cambié de religión, porque la religión cristiana es una sola. Lo que sucede es que está dividida en muchísimas denominaciones y asisto a otra denominación (existen en la actualidad más de 30.000). El surgimiento de las denominaciones dentro de la fe cristiana tuvo su origen en la época de la Reforma protestante. Este movimiento de la Reforma que surgió durante el siglo XVI produjo cuatro divisiones del protestantismo: luterana, reformada, bautista y anglicana y de estas cuatro ramas principales han surgido la infinidad de denominaciones que existen hoy en día. Siempre enfatizo que soy "seguidora de Cristo", no me concentro en hablar de la diferencia de las denominaciones, porque pienso que lo principal será siempre nuestra fe en Cristo, seguirlo a Él y conocer la Palabra para que este viva en nosotros.

Empecé a entender lo que era el "gozo" cuando reconocí al Señor Jesús en mi vida y más aún cuando le di el control de mis anhelos, angustias, alegrías, temores y preocupaciones, todo se lo entregué. Cuando uno está en esa primera etapa abriendo su corazón a Jesús, es como si todo se pone en contra, las personas y hasta la misma familia te pueden criticar pensando que eres fanática. No obstante, cuando tu fe es auténtica nada ni nadie frenará lo que Dios ha dispuesto para que seas más que un simple fan y te conviertas así en un fiel seguidor de aquel quien únicamente es el Camino, la Verdad y la Vida: Jesús. Juan 14:6 dice: "Jesús le dijo: Yo soy el camino, y la verdad, y la vida; nadie viene al Padre sino por mí" (LBLA).

Siempre desde pequeños les inculqué a mis hijos valores y los enmarqué en diez principios, aquí te los describo para que también puedas utilizarlos en la educación de tus hijos:

1. El valor del amor: la dulzura y las buenas maneras en todos los actos de su vida.
2. El valor de la honestidad: en todas sus actividades, en el colegio, deportes, casa, con sus amigos o compañeros.
3. El valor de la integridad: rectitud consigo mismo y respeto a los demás.
4. El valor de la responsabilidad: enfocándose en la superación y con valor para alcanzar sus metas.
5. El valor de la gratitud: reconociendo a quienes han estado allí para ellos prestándoles ayuda y colaboración.
6. El valor de la bondad: ponerse siempre en los "zapatos del otro" para ayudar y servir al que necesita.
7. El valor de la justicia: defender a las víctimas y a aquellos que no tienen voz.
8. El valor de la lealtad: que sus acciones sean el reflejo de sus palabras y que siempre sean fieles a sus valores.
9. El valor de la humildad: virtud maravillosa que les permitirá reconocer sus propias limitaciones y debilidades, rechazando así la soberbia de sus vidas.
10. El valor de la amistad: un verdadero amigo es un tesoro invaluable.

Mi mayor éxito y orgullo

Si me preguntas cuál es mi mayor éxito, es el haber reconocido a Jesús en mi vida y mi mayor orgullo es ver que mis hijos lo reconocieron también. Hoy en día veo a mis hijos en las edades que me los imaginé de pequeña y lo mejor es ver algo superior a lo que yo veía en mis sueños. En efecto a sus veinticinco y veintiún años, son hombres de Dios, hombres llenos de buenos propósitos, hombres de fe inquebrantable, hombres que desean impactar a su generación en la iglesia, en sus actividades laborales, con sus amigos, en la comunidad, etc. Ellos saben que sus padres estarán hasta que Dios lo permita, no obstante, Dios Padre, el Señor Jesús y el Espíritu Santo estarán con ellos eternamente. Admiro profundamente a mis hijos porque, pudiendo elegir otras cosas, eligieron ser seguidores de Cristo. Los admiro porque buscan la excelencia en sus acciones, no la perfección, saben perfectamente que esta solo le pertenece a Dios. Admiro a mis hijos porque ellos saben que tendrán pruebas, caídas, cometerán pecados, pero seguro se levantarán, se arrepentirán y pedirán perdón, porque aman y conocen a Dios.

No tengo manera de expresar con palabras, ni tampoco letras, lo privilegiada que soy y lo agradecida que estoy, de que mi Padre Dios me regalara el tesoro de la preciosa familia que tengo. Pensé innumerables veces que quizás por tantas situaciones dolorosas que viví no tendría la oportunidad de tener una familia propia. Por eso te quiero decir que los sueños se pueden hacer realidad, para ello mi consejo es que siempre pongas a Dios en el centro de tu existencia, para que Su plan misericordioso se cumpla en tu vida. A través de Él podemos sanar como personas, podemos soñar y lograr familias sanas, las cuales resisten unidas a las pruebas. Todo será posible siempre y cuando el Señor Jesús esté siempre en el centro de tu vida. Necesitamos sabiduría para construir nuestro hogar y dar el ejemplo a nuestros hijos. La Palabra de Dios dice que el principio de la sabiduría es el temor del Señor, ese temor significa respeto y obediencia a Él. Si deseamos tener una familia sólida y unida debemos entonces ir a la fuente de sabiduría que es Dios. Solo Dios nos ayudará a superar situaciones, a pasar por el fuego sin quemarnos, a resistir cuando el agua ha llegado hasta el cuello, guiándonos a tomar las mejores decisiones y a tener la paciencia necesaria para soportar durante el tiempo en que todo se oscurece. Es vital acudir a Dios todos los días y cada vez que lo necesites. Yo hablo con Él varias veces al día y le expreso mis inquietudes o mis deseos, al igual que oro por mi esposo y por mis hijos. Cuando miro hacia atrás y veo estos treinta y un años de unión matrimonial y a mis hijos ya adultos, puedo dar testimonio de cómo Dios obró en cada uno de nosotros y de la unión tan hermosa que nos ha permitido tener. No tendré suficiente tiempo aquí en la tierra para agradecer a Dios lo que nos ha dado. ¡Gracias, Dios, Padre amado!

"Con sabiduría se construye la casa; con inteligencia se echan los cimientos".

(Proverbios 24:3, NVI)

¡Atrévete
a ser mamá ante todo!

CAPÍTULO 9

Honrando la amistad

DESCUBRÍ LA VERDADERA AMISTAD EN mi etapa adulta. De niña y adolescente, tuve compañeras maravillosas, fui muy cercana con mi pequeño grupo de amigas en los tres colegios donde estudié desde la primaria hasta la secundaria. Fui una niña más bien reservada, nunca tímida, sin embargo, sí muy prudente al relacionarme con las compañeras de clase. En otros capítulos he comentado que, debido a mi situación familiar tan disfuncional y vulnerable, no deseaba tener amistades muy íntimas. Por lo tanto, en esos años mantenía solo una relación con algunas personas, por lo especiales y cariñosas que eran conmigo. Las quise mucho y además admiraba a ese grupo de compañeras por lo talentosas y buenas estudiantes que eran, pero por mis circunstancias trataba de no relacionarme en exceso, para así no tener que revelar mis verdades, las cuales mantenía en secreto y solo las compartía con Dios.

Aprendí a ser mi propia amiga ya que es muy importante ser la mejor amiga de uno mismo. No obstante, la amistad es un regalo de Dios para compartirse entre dos o más personas.

Me hubiera encantado vivir la amistad con intensidad desde niña, pero para mí fue un imposible. En cambio, de adulta la he conocido y, aunque sigo siendo una persona sumamente reservada con mi privacidad y mucho más desde que me convertí en una persona pública, Dios me ha dado la oportunidad de conocer, en diferentes etapas de mi vida, a personas maravillosas que me han enseñado la belleza de la amistad. La amistad para mí se construye con el tiempo, paso a paso, por lo que cuento con los dedos de mis manos a mis verdaderos amigos. Hay personas que son muy impulsivas a la hora de conocer a alguien y quieren de inmediato comenzar una amistad. Yo en cambio no voy con ese apuro, mucho menos intento aferrarme ni involucrarme de una manera que traspase los límites al conocer a alguien. Quizás reconozca que puedo tener muchos puntos en común, pero no por eso ya me considero su amiga.

En mi recorrido por la vida, me he dado cuenta de que existen personas que, por sus propias carencias, no comprenden la dimensión y la profundidad de la verdadera amistad. En muchos casos personas como yo nos cerramos a nuevas amistades o las vemos como algo que en el tiempo se irá definiendo. En otros casos existen personas a quienes les ocurre lo contrario, se aferran a ser parte de la vida de otros sin medirse, intentan obligarlos a ser sus amigos, sin darse cuenta de que están forzando situaciones. He tenido estas experiencias y de inmediato huyo de ellas, porque las reconozco como fuera de proporción, producto de situaciones emocionales que la persona no ha podido reconocer o resolver en su vida. Tengo la capacidad de percibir y de evaluar la situación emocional de las personas ya que tengo mucha experiencia debido a lo que me tocó vivir. También tuve la oportunidad de estudiar materias de psicología en el máster que realicé hace unos años, lo que me confirma que mis percepciones por lo general han sido y son muy acertadas.

La verdadera amistad es muy difícil de encontrar y de cultivar, pero más complejo aún es poder mantenerla a lo largo de los años, debido a las diferentes circunstancias por las que pasan las personas. El tiempo determinará el nivel de solidaridad entre los amigos a pesar de la distancia o cualquier otra situación por enfrentar. Una vez leí algo que me encantó: "La verdadera amistad no se marchita, ni muere, a pesar del tiempo o la distancia". Seguramente cada persona tiene una idea propia acerca de la amistad, sin embargo, lo que definitivamente creo que es igual para la mayoría es que consideran que la amistad es tener a su lado una persona con quien poder compartir vivencias y sentimientos y a quien necesitan en las buenas y en las malas. En la actualidad vemos cómo las personas, por la influencia de las redes sociales, pueden pensar que tienen muchos amigos, cuando lo que en realidad está pasando es que las personas tienen un contacto más cercano con personas completamente desconocidas. Estos son conocidos virtuales, no amigos. Es mejor tener pocos amigos que muchos, pero que estas sean amistades inquebrantables que se puedan mantener a través del tiempo, y no pensar que con toda persona con que te tropieces, o con quien tengas algo en común, podrás tener una verdadera amistad.

La amistad genuina debe reconocerse porque está enmarcada por valores importantes como lo son la lealtad, la empatía y la sinceridad. Existen relaciones que no están basadas en estos valores y las personas podrán pensar que existe una amistad, cuando lo que seguramente está ocurriendo es que son relaciones con una utilidad específica o dentro de una oportunidad de interés. Al no entenderse, esto puede empañar el verdadero significado de la amistad. Hay otras relaciones enmarcadas en el compañerismo, es decir que comparten actividades o ideas que unen a personas para un mismo fin, pero el hecho de tener un mismo propósito no convierte a la persona en amiga del otro. De aquí justamente se desatan innumerables malentendidos. Muchos piensan que el compañerismo es igual a una amistad, lo cual no necesariamente es así, aunque es posible que buenos compañeros puedan llegar a ser también buenos amigos. Tener un compañerismo estupendo con otra persona no te convierte en su verdadero amigo y viceversa, por eso es importante conocer los límites de cada relación para no caer en desilusiones.

Una de mis mejores amigas quien ya no está en la tierra partió hace unos años atrás. Horas antes de su muerte, en medio de su agonía, mi querida amiga y hermana Florence me dijo lo mucho que iba a extrañar nuestra amistad en el lugar a donde iría despues de morir. Florence fue una hermana que Dios me regaló, ella conocía todo de mí, éramos muy parecidas y al mismo tiempo muy diferentes. Eso justamente nos encantaba y nunca intentamos que la otra cambiara su forma de ser. Nuestra amistad sobrevivió los cambios, las mudanzas de país, el tiempo y la distancia. Tuvimos años sin saber mucho la una de la otra, no obstante, cuando al fin estuvimos cerca, en el mismo país y a una hora de distancia, nos convertimos en uña y carne. Florence no tenía una relación con Cristo y esa fue mi gran misión y deseo, que lo reconociera en su vida, especialmente cuando enfermó de cáncer y pasó tantos años en las garras de esta terrible enfermedad.

Hace algunos años la acompañé al doctor, prácticamente la arrastré para ir al consultorio. Florence, por sus malas experiencias con otros médicos, no quería volver a la medicina tradicional, sino experimentar con la medicina natural, la cual ha ayudado a miles de personas, pero en ella lamentablemente no funcionó. Debido a eso la tuve que convencer y llevar contra su voluntad con un médico especialista y posteriormente con un oncólogo. Fuimos días más tarde a la consulta para recoger los resultados de los análisis, ese día lo recuerdo como uno de los más difíciles para mí y para ella, desastroso. El oncólogo, después del chequeo médico y al ver el resultado de los análisis, nos dijo que solo le quedaban a Florence tres meses de vida. Mi adorada amiga, inmediatamente después de esa sentencia de muerte que el doctor le había dado, le dijo con toda la seguridad del mundo que eso no sería así, que ella tenía que seguir viviendo. Florence tenía una preciosa hija de tan solo doce años, quien necesitaba de todo su apoyo y cuidado. Florence fue una amorosa y excelente madre, estuvo abocada a ser la mejor madre para su preciosa y querida hija, Allison.

Ese evento me fue muy penoso, no obstante, me impresioné con la fuerza y determinación que tuvo Florence. Ella siempre fue muy fuerte al enfrentarse a circunstancias difíciles. No dudo que ese fue el peor momento en su vida, ya que ella ni siquiera contemplaba la idea de morir pronto, como ella decía, le quedaba todavía mucho por cumplir en su misión como madre. Deseaba seguir educando y apoyando y llegar algún día a ver a su hija convertida en mujer. Todos los que conocemos a su hija Allison nos sentimos orgullosos de la mujer tan maravillosa y talentosa en la que se convirtió.

Pasaron doce años desde ese día tan triste que uno nunca desearía vivir. Afortunadamente, Florence pudo ver a su hija crecer, convertirse en una joven maravillosa y talentosa, la vio graduarse en la universidad y emprender su camino profesional. Florence y yo nos unimos aún más después de ese doloroso momento que vivimos juntas. La vi superar cantidad de situaciones, operaciones, tratamientos, nuevos médicos, búsqueda de alternativas en otros países, etc. Ella nunca paró de buscar qué más podía hacer para sanar y recuperarse, siempre diciéndome: "Esta prueba también la voy a superar". Cada vez que podíamos vernos en persona o por teléfono manteníamos largas conversaciones sobre mi relación con Cristo. Me hacía tantas preguntas y las que yo no podía contestar, las investigaba y luego teníamos horas de conversación sobre ese tema en particular. Florence siempre fue muy inquieta espiritualmente, buscaba respuestas a las situaciones que vivía o las que había experimentado en el pasado.

Ella se impresionaba de mi relación y dependencia total en el Señor Jesús, me desafiaba cuando las situaciones no resultaban como yo habría querido y me preguntaba dónde estaba Jesús en mi vida, cuando según ella Él no me había protegido de alguna situación difícil por la que atravesaba. Todas esas oportunidades fueron importantes para mí y siempre pude aprovecharlas para predicarle, compartir la Palabra, explicarle lo que yo conocía y experimentaba en mi crecimiento espiritual como mujer cristiana. Queriéndola tanto, como la quise y sigo queriendo, ya que ella sigue viva en mi corazón, deseaba con todo mi espíritu que aceptara a Jesús en su vida. Quería para mi querida amiga lo mejor, y lo mejor es Cristo.

Recordar a Florence es recordar momentos inolvidables, maravillosos y llenos de alegría y risas contagiosas que nos sacaban las lágrimas. Hasta en los momentos que llorábamos juntas por situaciones tristes que atravesamos o recordamos, terminábamos riéndonos. Florence y yo nos quisimos muchísimo, compartimos todo, nos apoyamos siempre con sinceridad, lealtad y con mucho amor. Tuvimos una amistad maravillosa, casi perfecta ya que solo Dios es perfecto. Nuestra amistad era una que en todo momento edifica, que aun en el silencio se comunica con la misma frecuencia, amistad desinteresada, que da el todo por la otra persona, que duele cuando el otro sufre, que disfruta cuando la otra persona es feliz, una amistad que te une como hermanas del alma por siempre, que comparte secretos y luego los olvida porque los coloca en un lugar que nunca recordará y nadie podrá robar. Florence y yo tuvimos una amistad que nunca muere, ni se marchita, porque traspasó el tiempo y la distancia.

Nuestra amistad indudablemente fue muy especial, ya que la verdadera amistad no intenta cambiarte, más sí debe promover edificarte, ese era mi gran propósito con ella, deseaba con todo mi ser que reconociera a Cristo en su vida. Florence sí creía en Dios, pero lo buscaba en lugares donde Él no está y siempre se lo dije. Su desesperación por sanar y el no tener una fe sólida en Dios la hicieron tener un "cóctel espiritual", ya que algunas veces podía sentirse atraída por creencias esotéricas que apartan a las personas de la posibilidad y bendición de creer la Palabra de Dios. Siempre le hablé con la verdad, aunque no me entendiera o no quisiera aceptarla, siempre le hablé la verdad contenida en la Biblia. Nunca pensé que viviría para verla partir de este mundo. Durante sus últimos días fue impresionante ver cómo su mente y su corazón funcionaban perfectamente, solo era su cuerpo que ya no respondía. En esos momentos ella me preguntó mucho a dónde iría después de la muerte y le dije con total sencillez: "A encontrarte con Dios y allí conocerás a Cristo".

Horas antes de morir mi querida Florence tenía una voz muy suave, su respiración estaba entrecortada, por lo que hacía un gran esfuerzo para comunicarse, sin embargo, no dejó de hablar conmigo mientras la acompañaba. Entonces ella me dijo: "Bárbara, ¿qué quieres que yo le diga a Jesús hoy cuando lo conozca en persona, qué mensaje le envías?". Ese momento, al ver que mi amiga moría lentamente, fue uno de los más duros que he vivido, fue sumamente triste, doloroso y muy difícil, pero, al mismo tiempo, cuando ella me hizo esa pregunta sentí un inmenso gozo en mi corazón. Comprendí de inmediato que Florence estaba al fin consciente de que ese mismo día estaría en la presencia de nuestro Señor Jesús, lo había aceptado, por lo que sentí y entendí que al fin estaba preparada. Miré los inmensos y claros ojos azules de Florence y le susurré al oído para que me escuchara bien, que yo no le enviaba un mensaje al Señor Jesús, porque siempre hablo con Él, pero sí le pedía que, como ella iba a estar en Su presencia, le diera un inmenso y fuerte abrazo de mi parte, ese que yo le daré algún día cuando me toque estar en Su presencia. Le pedí a Florence que hiciera eso por nuestra amistad, y estoy segura de que lo hizo, ella me aseguró que lo haría y que agradecería todo lo que había hecho Jesús por mí con Su inmenso y misericordioso amor.

La amistad con Florence me enseñó muchas cosas:

- No sabemos cuánto tiempo estaremos con las personas que queremos, por eso hay que aprovechar al máximo para compartir los mensajes que nos harán crecer integralmente.

- Es necesario aprovechar los momentos para edificar al otro. Como seguidora de Cristo, entendí que debía compartir mi testimonio con mi amiga y con todos mis amigos sin algún tipo de prejuicio y jamás pensar que por no tener la misma fe uno se debe abstener de compartir el mensaje.

- El respetar la forma de ser o pensar de tus amigos no impide que puedas darles un mensaje de fe y esperanza basado en la verdad.

- Una de las grandes misiones que Dios nos da en este mundo es el guiar a nuestros seres queridos y amigos a reconocer a Cristo en sus vidas.

- Los amigos siempre serán afines, tu amigo será alguien en quien puedas confiar siempre.

- Un amigo es alguien a quien respetas y que a su vez te respeta de igual manera, esto nunca se impone.

- Un amigo es como un hermano en tiempo de angustias, así dice la Palabra en Proverbios 17:17.

- Nuestro Señor Jesús nos demostró con Su vida el ejemplo puro de un verdadero amigo, porque Él puso Su vida por Sus amigos: "Ya no os llamaré siervos, porque el siervo no sabe lo que hace su señor; pero os he llamado amigos, porque todas las cosas que oí de mi Padre, os las he dado a conocer" (Juan 15:15).

- "El hombre que tiene amigos ha de mostrarse amigo; y amigo hay más unido que un hermano" (Proverbios 18:24).

Doy gracias a Dios por los grandes amigos que me ha regalado, quienes han estado allí y seguirán estando, al igual que yo también estaré para ellos, porque la verdadera amistad no se marchita, ni muere, a pesar del tiempo o la distancia.

¡Atrévete
a siempre honrar la amistad!

CAPÍTULO 10

Profesional a prueba de todo

Es necesario ser líder de la empresa que debe trascender: Esa empresa soy yo

Esta frase siempre la repito, ya que la elaboré para una conferencia que di en un congreso de emprendedores. Como mencioné en el capítulo seis, muchas veces las personas ponen por encima de ellas el éxito de sus profesiones o empresas, olvidándose que uno mismo es la "empresa" que debe trascender. Es necesario recordar que la vida es una carrera constante y no representa en sí misma una meta. Tiene un propósito fundamentalmente espiritual, pero no es en sí misma una meta a alcanzar, por lo tanto, nuestro bienestar espiritual no puede estar exclusivamente atado al logro de ciertos resultados. Siempre sostengo y digo que nuestro espíritu es como una vasija que tratamos de llenar con logros materiales más que con espirituales, con un fin último: la felicidad. También menciono algunas investigaciones realizadas en diferentes países del mundo que han arrojado resultados asombrosos indicando que muchos hombres y mujeres se sienten insatisfechos en su vida personal, aun cuando han cumplido metas profesionales y personales significativas. Sostengo que la vasija que llevamos dentro la podemos llenar únicamente con bienestar espiritual y no con el ideal de una felicidad que, como concepto permanente, no existe.

Usualmente escuchamos a las personas comentar sus sueños, definir sus metas y propósitos. Sabemos que muchos de estos son planteados a lo largo de la existencia del ser humano, con la convicción de que algunos podrían ser alcanzados, mientras que otros se quedarán solo en ideas. Cualquiera que sea el caso, lo que sí es cierto es que el tiempo actúa como un gran regulador en la obtención de resultados relacionados con las metas de los individuos. Al final ocurre que durante determinados lapsos de tiempo se logran o no las cosas que deseamos y creemos merecer. Por lo tanto, es vital hacer todo con excelencia y para ello debemos empezar por nosotros mismos como seres humanos, para así poder transmitirlo y alcanzar y proyectar la excelencia en otras áreas de nuestra vida personal y profesional. Por lo tanto, no olvides que lo importante es comenzar primero por la excelencia personal.

¿Pero qué es realmente la excelencia personal? Muchas veces la relacionamos exclusivamente con el hecho de alcanzar metas o propósitos profesionales. Sin embargo, la excelencia personal está estrechamente relacionada con el ser, es decir, distinguir quiénes somos verdaderamente. No se trata de nuestra apariencia personal o lo que las personas perciben de nosotros. Representa quiénes somos internamente, cuáles son nuestras capacidades, destrezas y características personales, con las cuales vinimos a este mundo, ya que cada uno es único.

Por lo tanto, debemos partir de esta base: somos únicos. Una vez que reconocemos nuestro verdadero "yo", podemos recorrer el "camino hacia la excelencia personal", teniendo como norte lo que alcanzaremos a nivel personal, como mencioné anteriormente, no lo profesional. De esta manera, impactaremos todas las áreas de nuestra vida y así es como lograremos una excelencia a la que llamo "excelencia integral". Es importante entender que no siempre veremos materializados nuestros sueños profesionales, pero sí seremos capaces de ver que diariamente nos comprometemos a ser mejores personas, en las actividades del día a día.

Una clave para mejorar nuestras vidas, que hoy comparto contigo, es proponernos diariamente "Ser mejor que ayer".

Cambié mis planes por el plan de Dios

Cuando pensé alguna vez en quién desearía convertirme en la vida, decidí que sería productora o directora de cine. A la edad de diecisiete años, me veía a mí misma con mi empresa de producción. Para ello tenía que estudiar y prepararme en esta especialidad y allí empezaron los desafíos. En los años ochenta, solo podía estudiar producción en mi país si estudiaba la carrera de comunicación social, ya que así acabaría por especializarme en el área de producción. Sin embargo, en la universidad que deseaba entrar, no quedé en la lista de admisión para la carrera que quería, por lo que me dieron la opción de quedarme estudiando en esa misma universidad la carrera de psicología y me ofrecieron que después de un año podía hacer efectivo el traslado a comunicación social. Lo pensé mucho y decidí que no quería perder un año estudiando algo que en ese momento no me interesaba. Es increíble lo sorprendente de la vida, aunque en ese momento no me interesaba estudiar psicología, después de muchos años hice mi máster en teología y tomé varias clases de psicología para ampliar mis conocimientos en esta área, con el propósito de incorporarla a mi trabajo como conferencista y autora.

Después de convencerme de que no podía empezar a estudiar la carrera que yo deseaba en esa universidad, busqué otras opciones y así encontré que la vía más segura para acercarme a mi sueño era estudiar publicidad y mercadeo en otra universidad. En mi mente seguía soñando con ser productora para hacer películas con mensajes positivos e impactantes y dejar reflexiones inspiradoras a los fanáticos del cine. Al terminar la secundaria me dispuse a buscar trabajo, necesitaba trabajar para pagar mis estudios, ya que tenía que ayudar en casa a mi mamá, por lo que tuve que estudiar de noche y trabajar de día.

Pensaba que, como futura publicista y productora, encontraría un espacio para luchar en contra de tantos mensajes negativos que se envían a los consumidores a través de la publicidad. Por supuesto, con el entusiasmo propio de la juventud, pensaba que podía cambiar al mundo y, con la idea de que iba a dedicarme toda la vida a la carrera que había soñado desde adolescente, pensaba que todo mi futuro profesional estaba bajo mi control. Lo que yo no podía anticipar es que Dios tenía otros planes para mí, que no se trataba solo de estar detrás de las cámaras, sino que cinco años después yo estaría frente a ellas. Fue asombroso, porque nunca soñé con ser reina de belleza, no me gustaban los concursos. Siempre que los periodistas entrevistaban a mi mamá, me decían con mucha insistencia que seguro de adulta sería actriz o reina de belleza, a lo que inmediatamente contestaba con una negativa rotunda y no te imaginas lo molesta que quedaba cuando me hacían esos comentarios. Yo no quería ser actriz y mucho menos reina de belleza, siempre me pareció que la belleza física no tenía el valor que se le da, pensaba y sigo pensando que la belleza que realmente tiene valor es la interna y me alegro muchísimo de que a esa edad esto me quedaba tan claro, siempre hablé de la belleza integral. Todo esto lo cuento con mucho más detalle en uno de los capítulos en mi primer libro *"La belleza de saber vivir"*. El concurso no estaba ni en mis sueños y mucho menos en mis planes ni a corto ni a largo plazo, sin embargo, Dios sí lo tenía en sus planes cuando permitió que estuviera ante las cámaras del mundo entero siendo coronada como Miss Universo 1986.

Mi enfoque en el emprendimiento

Después de haber sido Miss Universo, me planteé ser emprendedora, me ha gustado siempre emprender nuevos proyectos, empresas e ideas y trato de no desenfocarme con las caídas o como usualmente la gente dice: "el fracaso". Para mí las caídas son nuevas oportunidades para lograr lo que te propones o incluso algo mucho mejor. Te aseguro que siempre será mucho mejor de lo que en un principio habías imaginado. Yo lo he comprobado, porque siempre le he permitido a Dios moldearme con cada emprendimiento. Dejo a Su voluntad que Él lleve el control y por lo tanto me guíe en el destino, para que se cumpla el plan que Él soñó para mí. También le agradezco cuando un proyecto no se da, ya que siempre pienso en el gran beneficio que representa Su voluntad. Al final es mejor que Dios arruine mis planes a que estos me arruinen a mí. Me lo ha demostrado infinidad de veces, por eso estoy consciente de que, cuando le pides que sea Él quien guíe tu camino, aunque caigas en dudas, errores o contradicciones, verás que la "mano de Dios" toma tus errores y los transforma en un puente para conducirte nuevamente por la vía principal: Su camino.

¿En qué se tiene que enfocar un emprendedor?

Hay muchas ideas y metas mayores a las capacidades que cada uno tiene para poder ejecutarlas, por eso no hay que ir a lo grande, hay que ir a lo específico. Es fundamental buscar seleccionar cuál será el segmento al que te vas a dedicar específicamente desde el principio. Todo tiene un comienzo y un entrenamiento para alcanzar mayor precisión en la ejecución del hacer, pero no todo dependerá de nuestra buena ejecución. En mi caso como mujer de fe en Dios, siempre oro antes de realizar una actividad profesional. Es imprescindible orar, necesitamos orar por nuestro trabajo, por nuestro emprendimiento. En 1 Crónicas 4:10, Jabes le dijo a Dios: "¡Oh, si me dieras bendición, y ensancharas mi territorio, y si tu mano estuviera conmigo, y me libraras del mal, para que no me dañe!".

Para salir adelante en la creación de un negocio, mantenerlo y hacerlo crecer, **es prioritario ser diligente y comprometido con tus acciones.** Proverbios 21:5 dice: "Los pensamientos del diligente ciertamente tienden a la abundancia; mas todo el que se apresura alocadamente, de cierto va a la pobreza".

La reputación es igualmente esencial en la actividad profesional o comercial. Proverbios 22:1 dice: "De más estima es el buen nombre que las muchas riquezas, y la buena fama más que la plata y el oro".

Es necesario medir los resultados, por eso es importante establecer patrones de medición continuos. Proverbios 27:23 dice: "Sé diligente en conocer el estado de tus ovejas, y mira con cuidado por tus rebaños".

El emprendedor requiere conocer la opinión del equipo. Proverbios 18:13 dice: "Al que responde palabra antes de oír, le es fatuidad y oprobio".

La perseverancia es el rasgo principal que diferencia a un emprendedor exitoso de otro que no lo es, porque no solo basta planificar, hay que adicionalmente mantenerse activo y siempre con agradecimiento a Dios buscar Su orientación y guía para obtener sabiduría espiritual. Proverbios 10:4 dice: "La mano negligente empobrece; más la mano de los diligentes enriquece".

El emprendedor tiene que saber que su sombra será el fracaso. Amiga, no pongas cara de miedo, pero quienes emprenden más, fracasan más. El fracaso está allí como sombra para enseñarte, no obstante, esa sombra puede ser tu aliada. Esta alianza te permitirá seguir soñando y permitirá que no pierdas la clara visión hacia el objetivo. También te hará comprender que ese fracaso, aunque duela y traiga pérdidas, es para aprender algo que te hará más grande en tu emprendimiento y en el resultado del mismo. El emprendedor tiene que seguir soñando a pesar de las múltiples caídas. Un emprendedor exitoso será:

emprendedor = soñador + visionario + enfocado. Proverbios 24:16 dice: "Porque siete veces cae el justo, y vuelve a levantarse".

Al momento del fracaso muchos emprendedores llenos de metas se paralizan y desisten de seguir. La diferencia la marca el emprendedor que conoce su "propósito de vida", solo así estarás preparado para la batalla de cada día, logrando una ejecución más nítida. El propósito de vida es la misión vital que traemos a este mundo, la cual nos enseña quiénes somos y por qué estamos aquí. Es el plan diseñado por Dios para cada uno de los seres humanos. Lo primordial entonces es descubrir nuestro propósito en la vida para diseñar las metas, entendiendo los cambios y aceptándolos, de manera que no solo las persigamos, sino que las cumplamos con dicho propósito. Y, aunque las metas sufran cambios imprevistos, no te afectarán de manera determinante; por el contrario, estarás listo para entenderlos de manera positiva. Así comprenderás que las crisis representan oportunidades para tomar nuevas decisiones. Por lo tanto, vas a disfrutar y vivir cada minuto de manera diferente, brindándole a cada etapa de tu vida el verdadero valor que merece.

El emprendedor necesita ser optimista, la felicidad es momentánea mientras que el optimismo es permanente. El optimismo es muy importante para contrarrestar el pesimismo, además permite ver las cosas y circunstancias complejas de la vida con menos rigor. Gracias a ello la negatividad no podrá desplazar al optimismo del lugar que le corresponde en nuestra vida. La persona optimista irradia serenidad, control sobre las situaciones y confianza en sí misma, pudiendo entonces hasta ofrecer su mejor sonrisa y mayor comprensión para otros, que estén atravesando por igual o peor situación. Proverbios 17:22

dice: "El corazón alegre constituye buen remedio; mas el espíritu triste seca los huesos".

El emprendedor se destaca por su actitud positiva con su equipo de trabajo, proveedores, asociados, etc. La actitud es un poder. Podremos ser muy optimistas en el proceso de nuestro emprendimiento, anticipando que todo irá muy bien, pero ¿qué ocurre si las circunstancias son negativas? Allí debe entrar en juego nuestra "actitud positiva" para no dejarnos manejar por las emociones que nos pueden robar el aplomo, la serenidad y el autocontrol. Por eso la actitud positiva es otra de las herramientas vitales de un buen emprendedor, pero, más aún, estas son excelentes herramientas para el ser humano, porque la empresa más importante que nos toca liderar en la vida es: uno mismo.

Mi mayor emprendimiento: Servir a Cristo

Como mujer e hija de Dios, tengo que principalmente ser honesta y sobria en todas mis actividades y en mi ministerio. Dios nos prueba en todo lo que hacemos y, antes de darnos mayores responsabilidades para servir dentro o fuera de la iglesia, espera nuestra fidelidad hacia Él. Nuestra fidelidad por lo general se demuestra en los momentos más difíciles, en medio de circunstancias complejas y cuando las cosas no resultan como esperábamos. Como mujer y seguidora de Cristo, mi carácter debe estar definido por la honestidad de mis acciones y del mensaje que comparto con otros. Desde hace más de treinta años soy figura pública dentro del mercado hispano. Por esta razón la sobriedad de mis palabras debe ser la característica que define mi mensaje y mi testimonio debe estar impregnado de la fe que tengo en

Dios. Una de las cosas que debo tener presente es que mi éxito o la popularidad que tenga entre mis seguidores nunca sea un obstáculo para transmitir la verdad de Dios. La Palabra de Dios me previene que la admiración que mis seguidores tengan por mí pueda conducirme a envanecerme o a solo prestarles atención a mis deseos, ideas o necesidades. El compromiso con Cristo y la obediencia constante a Él son lo que nos capacita a los cristianos a realizar nuestro ministerio. Dios espera que nuestra fidelidad pueda verse reflejada en las cosas más pequeñas que ocurren en nuestra existencia, al igual que en las más importantes.

Cuando Dios nos da el honor de poder servirle, es importante recordar que tenemos que dar ejemplo con humildad. Los cristianos siempre debemos darle la honra a Dios y aunque no somos perfectos seguimos a aquel que es perfecto. Si ocupamos lugares de liderazgo en cualquier ministerio de la iglesia o fuera de esta, es vital demostrar nuestra fe en nuestras acciones. Hoy en día en el mundo tan complejo que vivimos, donde muchos se alejan de Dios, yo como cristiana tengo que permanecer firme. Debo también demostrar a través de mis acciones honestas y llenas de fe que Cristo le ha dado a mi existencia vida y propósito. Mi compromiso con Dios es permanecer hasta el último día de mi vida apegada a Su Palabra. A través del Espíritu Santo, las Escrituras han transformado mi vida, me han equipado para ayudar, guiar e inspirar a otros y me protegerán de quienes se oponen al Señor.

Gracias, Dios Padre, por todas Tus bendiciones, dame las fuerzas y sabiduría para poder cumplir con mi misión de vida y que como profesional pueda cada día servirte durante el tiempo que Tú me tengas aquí en la tierra, ¡amén!

¡Atrévete
a ser una profesional a prueba de todo!

Parte tres

BÁRBARAMENTE
DISCIPLINADA

CAPÍTULO 11

Integralmente bella

RESPONDERÉ RÁPIDAMENTE LA PREGUNTA QUE quizás te estás haciendo ahora, mi cara actual de cincuenta y cinco años no tiene cirugías, no me gustan los productos invasivos, no los quiero para mí. Tengo que admitir que, gracias a Dios, tengo una excelente genética, la cual por supuesto ayuda mucho, pero lo que verdaderamente te da la belleza es el entrenamiento de tu propio ser, el tener una disciplina constante, convirtiéndola en un estilo de vida. Me encanta comer, pero comer bien, soy pecetariana, me encanta la actividad física, como correr y caminar. Sin embargo, lo que más me encanta es nutrir mi espíritu, ¡allí es donde reside la verdadera belleza!

Te confieso que mi "gran secreto de belleza" es buscar continuamente el crecimiento espiritual. Mi gran propósito de vida es ayudar, guiar y apoyar a otros a que también puedan alcanzar un mayor crecimiento espiritual, así como yo lo he logrado. Sé que me falta, pero estoy dispuesta a seguir aprendiendo cada día más. El primer paso para ser integralmente bella se basa en nutrir el espíritu y esto se logra teniendo una relación estrecha con Dios, sin esto, es imposible que la mente y el cuerpo alcancen el bienestar que necesitan. Por esa razón creé una metodología con nueve pasos, para que las personas conozcan cuáles son los pasos para acercarse cada día más a lo que Dios quiere que encontremos, a través de una relación estrecha y constante con Él. Así comenzó mi senda editorial con mi primer libro *La belleza de saber vivir*. Posteriormente quise que las personas pudieran "deslastrarse" de las sombras que envuelven al ser humano cuando se convierte en esclavo o víctima de las emociones y escribí mi segundo libro, *Lejos de mi sombra, cerca de la luz*. Y este tercer libro está dedicado a ti, mujer, para que puedas vencer cualquier obstáculo en las diferentes áreas de tu vida, para que puedas cerrar heridas y así logres convertirlas en pequeñas marcas, las cuales se convertirán en grandes huellas positivas que dejarás en la vida, esto hará eterna tu belleza integral. Para lograrlo es necesario que empieces a apreciarte, a quererte más y a prepararte para dar lo mejor de ti cada día. Es vital agradecer a Dios por quién eres, porque a pesar de cualquier circunstancia negativa que rodee tu vida, es fundamental tener presente que Dios te hizo con amor, te creó única y te hizo con el propósito de que fueras integralmente bella.

¿Quién no quiere ser bella?

Es increíble observar cómo todos buscamos la belleza y esto es algo que viene desde la antigüedad. En la cultura griega la belleza era de suma importancia, en la historia en general podemos observar que el tema de la belleza ha marcado los cánones de una cultura o época determinada. Hoy en día vemos cada vez más que desde temprana edad las jóvenes buscan la belleza, en muchos casos hasta exponen sus vidas para conseguirla. En el caso del peso, muchas veces llegan a la bulimia o la anorexia y, en el caso de las cirugías o el uso de productos invasivos, llegan a tener consecuencias negativas o sencillamente utilizan métodos no necesarios ni recomendables para su edad. ¿Qué podemos decir de quienes somos más maduras, pero aún nos consideramos jóvenes y deseamos permanecer igual por siempre?

Todo esto es muy normal, al igual que lo es el abrigar el deseo de verse bien. No obstante, lo que no es normal es pensar que siempre nos veremos igual después de haber cumplido ciertos años. Realmente eso es imposible, el tiempo pasa y deja sus huellas, pero lo importante es que estemos dispuestas a aceptar cada etapa, disfrutar cada edad y no estar pensando cómo aparentar lo que no somos. No quiere decir que renunciemos al deseo de vernos bien y mucho menos a disfrutar cuando nos dicen que aparentamos menos edad. Siempre es una maravilla y es sumamente satisfactorio lucir bien, pero, si algo sé, es que definitivamente eso no trae la felicidad.

Gané varios certámenes de belleza, tres en total. Representé a mi país Venezuela por el mundo y, al ser latina, representé con gran orgullo a todos los latinos. Lo más anecdótico de esto es que nunca quise ser parte de estos concursos, ni nada parecido, como lo revelé en otro capítulo. Esta es la parte más divertida de la historia, siempre estuve en contra de los certámenes de belleza, por considerar que no representan la verdadera belleza de un ser humano, en este caso el de la mujer. Pero Dios tiene un plan con cada ser humano, no solo con algunos en especial, con todos tiene un plan. Después de negarme por más de cinco años a participar en Miss Venezuela, finalmente lo hice motivada por el presidente de la compañía de publicidad con la cual trabajaba en esos años. Ya para aquel entonces era una profesional de publicidad, en el año 1986, y mi jefe me dijo que sería una experiencia importante para mi profesión y que lo viera como si creara un "producto" en mí misma y así promocionar las cosas en las que yo creía y en las que sigo creyendo hasta el día de hoy: en la belleza integral.

¿Qué es realmente la belleza integral?

Para mí, siempre ha sido el complemento perfecto entre el cuerpo, la mente, el alma y el espíritu, es decir, ser "bella por dentro" más que por fuera. Como puedes ver, menciono la mente, el espíritu y el alma, porque el cuerpo es solo una cuarta parte, las otras tres partes son más relevantes y por lo tanto su importancia es mayor.

Una de mis grandes banderas, en Panamá 1986 para Miss Universo, fue proyectar la fuerza de mi corazón y demostrarle al mundo que lo que realmente vale es la belleza que llevamos adentro, la cual, definitivamente, con la bendición de Dios, será siempre más grande, más intensa y más real. Mi corazón fue el que me impulsó a tener la voluntad de lograr una meta, un objetivo. Muchas personas podrían pensar que para mí resulta fácil defender la belleza interna, habiéndome convertido en Miss Universo. Las personas por lo general comentan que quienes lucen un físico agraciado pueden sentirse más aventajadas que quienes no lo lucen. No obstante, debo decirles con experiencia y autoridad que la belleza física por sí sola no genera los beneficios que muchos equivocadamente creen.

Recuerdo siempre con gran cariño los momentos que viví en Panamá antes de y durante el evento y cómo logré enfocarme en mi deseo de obtener la victoria: no basándome exclusivamente en mis característica físicas, sino proyectando mi ser interior, mis talentos, mi personalidad, mi corazón y mi mente enfocada en el objetivo. Definitivamente creo fundamental que para mantenernos "bellas por fuera" es esencial conocer nuestro ser interior, conocer nuestra "belleza interior". Seguramente te estás preguntando: "¿Barbara, cómo se hace esto?". Amiga, esto solo se logra a través de Dios, solamente se llega a descubrir esa belleza interior que toda persona tiene, a través de Dios.

Seguramente has escuchado o has leído el versículo Proverbios 15:13: "El corazón alegre hermosea el rostro; mas por el dolor del corazón el espíritu se abate".

¿Cómo podemos tener un corazón alegre si el mundo en el que nos desenvolvemos tiene poco de alegre? Son muchas las preocupaciones, los problemas, las circunstancias difíciles que nos apartan de sentirnos contentos. Justamente este es el asunto, todo estará en nuestra contra para que logremos perseverar en nuestros propósitos, deseos y objetivos y mucho menos si pensamos que todo lo lograremos basados en nosotros mismos. Allí está el problema de nuestra existencia, claro que podemos lograr muchas cosas, pero la energía se nos agotará, las ganas de seguir se extinguirán, la alegría en el rostro desaparecerá, la belleza se curtirá y quizás hasta nos veamos mayores de nuestra edad. Entonces, con esto que te he dicho, pudieras creer que es imposible. Permíteme decirte que sí la hay y son grandes las posibilidades de llevarlo a cabo si logramos desarrollar una relación intensa y cercana con Dios. Necesitamos conocerlo, escucharlo y creer en Su Palabra. Muchos creen en Dios, pero pocos le creen a Él. Cuando creemos en Él y lo seguimos a Él, entonces ocurre algo maravilloso ya que nuestro corazón comienza a alegrarse, siente un gozo que no se compara a nada y se mantiene así a pesar de lo que ocurra.

En Proverbios 15:15 dice: "Todos los días del afligido son difíciles; mas el de corazón contento tiene un banquete continuo".

Un corazón alegre nos da energía para seguir, pone en nosotros los pensamientos positivos y acordes a las situaciones, nos guía, nos alienta, nos ayuda a reconocer nuestro propósito en la vida y, sobre todo, nos provee de la voluntad necesaria para perseverar. Como sabes, los cristianos no seremos perfectos aquí en la tierra, pero sí podemos ser perseverantes y excelentes en la fe, esa es la gran diferencia con quienes no creen en Dios. La voluntad produce perseverancia. En el corazón gozoso lleno de Dios, la voluntad es con lo que podrás tomar mejores decisiones cada día.

El triunfo en la vida cristiana se encuentra en el ejercicio de la voluntad.

Seguro te estarás preguntando: "¿Y qué tiene que ver la voluntad con la belleza?". Pues mucho, es un "gran tratamiento de belleza". La voluntad te permitirá perseverar, tomar decisiones más claras, conscientes y positivas. También te permitirá continuar enfocado en Dios, seguir creciendo en la fe y, por lo tanto, seguir creciendo en tu belleza interior. Entonces tu mente, espíritu, alma y cuerpo estarán totalmente coordinados, como una orquesta, no habrá notas desafinadas, la música será celestial y producirá sanación, bendición para ti y para los demás. Como dice la Palabra en Proverbios 15:13: "El corazón alegre hermosea el rostro". La Palabra nos confirma que un corazón alegre te dará la belleza física que ningún cirujano plástico puede darte. Tampoco las cremas podrán nutrir tu rostro como lo podrá hacer cada día tu espíritu si está conectado a Dios. El espíritu conectado con Dios produce grandes beneficios, es el combustible que necesitas para poder conducir tu vida hacia la excelencia, así nada ni nadie te detendrá.

El tratamiento de belleza basado en la voluntad es esencial, porque nos permite ser perseverantes en la fe. Todos los días, no solo algunos, todos los días tenemos que caminar hacia Dios. Imagina que es como cuando vamos hacia el mar y desde la ciudad caminamos hacia él, y de repente encuentras que hay un puente que tienes que atravesar. Ese puente es muy peligroso, está lleno de obstáculos, pero, si decides atravesarlo, porque tienes una voluntad férrea, lo conseguirás hasta llegar a ver el mar. En esta imaginación Dios representa el mar, y ¿qué hacemos cuando nos encontramos frente al mar? Deseamos zambullirnos en Él, nos sumergimos en Su Palabra, en Su amor eterno. Pero tenemos que regresar a la ciudad y ¿qué ocurre entonces? El Espíritu Santo nos acompaña de día y noche. Esta es la manera de vivir diariamente, yo sé que es fastidioso aplicarse una crema todas las noches, para algunas representa una gran misión, imagina cuando se trata de perseverar en la fe, siempre necesitaremos de voluntad y dedicación. Todo lo bueno cuesta, pero produce resultados, sobre todo si decides luchar hasta conseguirlo.

Recuerda siempre: ¡la belleza interior hay que nutrirla todos los días!

Creo firmemente que, si aceptamos la edad y sus cambios, nuestra felicidad fluirá a través del rostro, luciendo saludables. Ya la ciencia lo ha visto con sus grandes avances en la investigación.

Cuando nos sentimos contentos con lo que somos y con nuestro esfuerzo para ser mejores cada día, nuestro sistema inmunológico mejora, se fortalece y se siente preparado para librar la batalla diaria.

Aquí comparto contigo algunos de mis conceptos y secretos de belleza:

1. Todos tenemos un físico, unos son más agraciados que otros, no obstante, todos sin excepción tenemos la opción de comprobar lo extremadamente hermosos que podemos ser internamente, la clave se encuentra en que es una decisión personal lograrlo.

2. Las mujeres siempre tenemos un compromiso con lucir bien, sin embargo, el reto es reflejar la belleza interior por encima de la exterior. Además, esto nos dará mayor seguridad, mayor confianza en nosotras mismas y así alcanzaremos un mejor liderazgo en nuestra propia existencia.

3. La belleza física envejecerá, pero la espiritual, no. Si la desarrollamos, nunca se marchitará y será joven eternamente.

4. Es importante que tus ojos se fijen en lo que verdaderamente es importante en la vida, así serán más bellos y se verán mejor maquillados.

5. Es vital que de tu boca salgan siempre palabras de amor y de aliento para otros. Así lograrás tener una boca perfectamente delineada.

6. Es imprescindible que tu figura se mueva con sobriedad y elegancia, y que siempre vayas con pasos firmes por el camino de la verdad y de la justicia.

7. Recuerda, librar una batalla contra los años no te genera dividendos. No luches por el paso de los años, dale

gracias a Dios en cada cumpleaños y di tu edad sin complejos, sin recelos. Tu edad es una bendición y muchos hubiesen querido tener la edad que tienes ahora, seas joven o no, muchos no pudieron llegar a tener tu edad. Disfruta a plenitud cada día, así verás cómo la verdadera felicidad fluirá a través de tu rostro y tu belleza interior se reflejará dejando huellas.

Proverbios 4:11 dice: "Por el camino de la sabiduría te he encaminado...".

Las personas por lo general creen que el crecimiento integral se logra a través de lo que vamos viviendo día a día. Por supuesto que las experiencias, las dificultades, las pérdidas y las ganancias son grandes maestros, pero no podemos esperar que la vida misma nos coloque en medio de situaciones nuevas y no estemos preparadas para enfrentarlas.

La mejor manera de poder enfrentar cada día es siendo "más fuertes" y eso se logra cuando decidimos alcanzar un crecimiento integral, es decir, que el crecimiento personal, profesional y espiritual debe ser intencional.

Salomón dijo en Proverbios 4:7: "Sabiduría ante todo, ¡adquiere sabiduría! Sobre todo lo que posees".

1. Necesitas definir en esta etapa de tu vida cuál es el cambio que deseas alcanzar en tu crecimiento integral y eso justamente te hará más bella.
2. Necesitas aprender cómo llegar a tu meta.
   - Necesitas escribir un plan.
   - Muchas veces ignoramos que existe un vacío entre quién eres hoy y adónde quieres llegar.

El plan tiene que estar compuesto por metas:

- Las metas tienen que ser específicas; si no, será imposible cumplirlas.
- El "cómo" es vital para comenzar a hacer lo que has decidido.
- Las metas se tienen que medir o comprobar.
- Las metas deben ser realistas, las metas muy fáciles o demasiado difíciles no son efectivas.
- Las metas deben tener fecha de realización.
- Las metas deben estar orientadas a la acción.
- Por ejemplo: si deseo lograr una mayor crecimiento en mi relación con mi esposo o con mi pareja, debo buscar metas específicas, esto me hará más bella ante él. Unos ejemplos de metas específicas:
  - Voy a conversar más con él.
  - No voy a ver el celular mientras hablo con él.
  - No voy a subir la voz si discuto con él.

3. Necesitas tomar acción.

Quizás no cumples con todos los puntos del plan, pero, si te mantienes enfocada, lograrás el crecimiento deseado. Por ejemplo, una de las mejores herramientas para cualquier área de tu vida es la lectura, aunque sea por veinte minutos al día, esto te da un promedio aproximado de veinticuatro libros al año.

4. Necesitas evitar la comodidad.

- Es importante evitar el camino fácil y cómodo, ya que muchas veces tratamos de evitar el proceso o el entrenamiento. Por lo general tendemos a quedarnos en nuestra zona de confort.

- Amiga, el camino certero es el que produce desafío, justamente este camino es el que te permitirá alcanzar un mayor crecimiento integral.

5. Necesitas motivarte.
   - Crecer duele y requiere disciplina.
   - Para automotivarte requieres primero de inspiración, tienes que recordar qué es lo que quieres lograr y visualizarlo para que sientas que ese momento en tu vida o ese cambio sí es posible.
   - Otra manera para automotivarte es darte un regalo, una recompensa cada vez que termines una meta. (Por ejemplo, un seminario, una charla, un libro, etc.).
   - El crecimiento personal es un estilo de vida. Cuando llegas a un punto en tu vida te das cuenta de todo lo que te falta y de los que están también en este maratón junto a ti, ellos también te podrán enseñar y se convertirán en tus inspiradores.
   - No permitas el paso a la decepción, por el contrario, tienes que sacar todo el optimismo posible.

Tienes que enamorarte de ti misma, del "nuevo tú", esto no es ser egoísta, ya que el nuevo tú es quien impactará tu familia, trabajo, compañeros, colaboradores, amigos, parientes, sociedad, etc.

¡Es tu compromiso con la excelencia!

Recuerda, mi secreto de belleza para mantenerte "integralmente bella" es tener un corazón alegre y gozoso, porque conocemos, creemos y seguimos a Dios. En el corazón reside nuestra voluntad y esto nos da la capacidad de perseverar en la fe.

¡Atrévete
a ser integralmente bella!

CAPÍTULO 12

Alcanzando el crecimiento espiritual

EN EL PRIMER CAPÍTULO COMENTÉ que un día, cuando tenía alrededor de quince años, recuerdo perfectamente que me fijé en un cuadro con la figura del Señor Jesús en el pequeño baño al lado del cuarto que ocupaba en el apartamento de mi abuelita Carmela cuando pasaba temporadas con ella. Me quedé fijamente viendo el cuadro, y al mirarlo algo me sorprendió. Lo había visto infinidad de veces, sin embargo, esa situación fue especial, fue diferente, como si Jesús se pudiera dirigir a mí desde el cuadro. Me acerqué a la imagen de Jesús y le dije: *Jesús, de ti conozco lo que fuiste y lo que hiciste, pero quisiera conocer más y saber lo que Tú puedes hacer para sanar mis heridas.*

Estas palabras definitivamente cambiaron mi vida y no porque pretendiera haber conocido al Señor Jesús en un día. Pasaron meses, días y años para que llegara a entender lo que aquellas palabras que pronuncié representarían en mi vida. Desde muy joven, como mencioné anteriormente, tuve puesta mi fe en Dios, aun así, me sentía la autora total de mi vida, el arquitecto de mi propia existencia y así lo expresaba. Me gustaba consultar el horóscopo y con los años me convertí en una adicta a ello y no solo los que se publican en los periódicos o revistas, lo mío era más comprometido. Conocía perfectamente la carta astral y no podía celebrar un cumpleaños sin que quisiera tener la nueva carta astral de ese año que comenzaba. Como sufría tanto con los múltiples problemas familiares que sin parar me acechaban, quería saber casi desesperadamente qué sucedería mañana y el día siguiente. En mi grave equivocación creía que al saberlo podía adelantarme a resolver o detener lo que estaba por venir. Quería ayudar a mi mamá y a mi abuela, quería crecer rápidamente, estudiar en la universidad, trabajar y enderezar las situaciones. Sobre todo, quería sanar, no quería vivir en tanta desesperanza y en angustia, como tristemente le ocurre a otras víctimas, cuyas opciones de superación y recuperación son escasas. No todos logran superar el dolor, ni cerrar sus cicatrices, convirtiéndose en muchos casos en potenciales victimarios, dando paso a que esa pesadilla continúe en sus vidas y en la de sus familias.

En la medida que iba creciendo quería tener un control total de mi vida, de las oportunidades que me podía ofrecer y de "herramientas" para controlar cada paso, cada momento y cada decisión. No era capaz de entender cómo el mal me estaba controlando sin que yo ni siquiera tuviese la más mínima percepción de ello. Me manipuló de tal manera que, en mi búsqueda de indicios del futuro, comencé a asesorarme con una persona muy famosa que leía la carta astral. Ella me dijo, cuando yo tenía apenas diecisiete años, que dentro de cinco años sería conocida internacionalmente, que muchas personas importantes y presidentes me conocerían y que mi rostro y mi nombre estarían en portadas de periódicos y revistas del mundo. Me imagino que estarás pensando decirme: "Bárbara, en efecto fue así". Y fue cierto, me convertí en una persona muy famosa al ganar Miss Universo en 1986 a los veintidós años. En efecto ocurrió cinco años después que esa persona me lo dijo, en tan solo un día me convertí, de la noche a la mañana, en un personaje público. Ese mismo día mi imagen se vio en distintos programas de televisión en varios países. Durante mi año de reinado conocí presidentes y personalidades alrededor del mundo en muchos de los países que visité. Tuve el privilegio de conocer a innumerables personas importantes e influyentes, aparecí en diversas portadas de revistas y periódicos en el mundo, viajé constantemente siendo la imagen de diferentes organizaciones, fundaciones y empresas. La organización de Miss Universo dijo públicamente que mi año de reinado fue de los más exitosos económicamente por la gran aceptación, cariño y respeto que había alcanzado como portadora de ese codiciado título de belleza internacional.

¿Cómo explicaba el hecho de que una persona me hubiera dicho la mayoría de las cosas que ocurrieron, aunque nunca mencionó que sería a través de un concurso de belleza? Es importante comprender que el mal conoce mucho, tiene poder y lo utiliza de la manera en que sabe que tendrá presa a su víctima. Manipula su pensamiento, su corazón y puede distraer perfectamente a la persona de buscar lo que realmente necesita y de lo que tiene por hacer. Eso justamente fue lo que a mí me ocurrió. El mal sabe que Dios nos ama, que está allí para nosotros y que espera eternamente para que abramos nuestro corazón a Él.

Esto quizás te suene como un cuento de niños, pero no es un cuento, es la realidad que puede experimentar cada persona. El mal nos distrae y en algunos casos lamentablemente nos distrae hasta la muerte, perdiéndonos así de encontrarnos con nuestro Padre Dios.

Es tanto así que el mal nos puede bloquear en situaciones y con estrategias distintas. En mi caso se manifestaba cuando quería leer y aprender en estudios bíblicos en los que participé en aquella época y de los que no aprendía nada, no recibía la Palabra y tampoco entendía por qué era tan difícil procesarla. Mi única ventaja, en medio de ser un objetivo del mal, era que mi corazón siempre iba hacia Dios, lo buscaba sin cesar y creo que Dios en Su misericordia y gracia infinita me protegía eficazmente, hasta de mí misma. En muchas ocasiones, en medio de mis reflexiones y conversaciones con Él, le dije a Dios que quería, por encima de las circunstancias y distracciones, ser cada día más cristiana, que me guiara y me tomara de Su mano, y eso fue justamente lo que Dios hizo en mi vida. A través de eventos y momentos Él siempre me ha guiado, por eso constantemente repito: "Yo voy por la vida agarradita de la mano de Dios".

Muchos años después, ya casada y con mis dos hijos viviendo en los Estados Unidos, fui a mi cita en una peluquería que me habían recomendado para hacerme un manicure. Adriana, quien se convirtió en mi manicurista en ese entonces, desde el primer día me recibió con una sonrisa, y de allí cada vez que la volvía a ver me recibía con palabras motivadoras y la mejor actitud. Por lo general, cuando llegaba a mi cita, la veía leyendo la Biblia, la cual colocaba debajo de su asiento para comenzar a atenderme. La primera vez que la vi hacerlo no le pregunté nada, me dio pena, pero en la siguiente oportunidad le pregunté: "Adriana, siempre veo que cuando puedes entre las clientas que atiendes lees la Biblia o la compartes con ellas", y ella con una sonrisa en los labios me dijo: "Bárbara, solo allí está todo lo que tengo que saber de quien más me ama en este mundo: Dios. Solo allí está el instructivo para llevar una vida plena, en constante crecimiento para asumir los cambios y poderme enfrentar la batalla de la vida, como una guerrera con todas las herramientas. Solo allí en la Biblia está lo que tengo que saber de mi pasado, de mi presente y de mi futuro". Y añadió: "Solo así soy libre, solo así soy perdonada, solo así soy salva, solo así tengo vida eterna, solo en Cristo".

En Hebreos 4:12 la Palabra nos dice:

> *Porque la palabra de Dios es viva y eficaz, y más cortante que toda espada de dos filos; y penetra hasta partir el alma y el espíritu, las coyunturas y los tuétanos, y discierne los pensamientos y las intenciones del corazón.*

En Jeremías 29:11 dice:

> *Porque yo sé muy bien los planes que tengo para ustedes —afirma el Señor—, planes de bienestar y no de calamidad, a fin de darles un futuro y una esperanza. (NVI)*

Desde ese día, sentí que había encontrado lo que había perdido, empecé a sentir un júbilo dentro de mí que quizás nunca podré explicar. Era como si, desde lo profundo de ese vacío interno, algo me decía que aquello que iba a llenarlo era Cristo. Te puedo confesar que ha sido lo más importante que ha ocurrido en mi vida, encontré lo que no había alcanzado y sabía que me faltaba, encontré el propósito de mi vida, encontré mi misión y mi libertad. Ese mismo día me deshice de todo el material y grabaciones que había guardado por años sobre astrología. Boté todo, lo quería quemar para que nadie ni en la basura lo consiguiera y no pudiera contaminar de muerte su espíritu (Isaías 8:19). Acepté al Señor Jesús en mi vida, le entregué el mando y control, renuncié a ser la arquitecta de mi existencia, para solo ser una obrera con mis funciones y objetivos. Desde ese día Jesús vive en mí. Ese día también entendí que Dios nos quiere completamente para Él, no podemos decir que creemos en Él y por el otro lado estar buscando cosas que están asociadas al esoterismo. Estas creencias son completamente alejadas y opuestas a Dios, esa basura pretende apartarte de Dios. Solo Él sabe cuál es tu futuro, solo Él te puede guiar y solo Él te puede proteger hasta de ti mismo. No existe mejor obra ni mejor plan que el que tiene Dios para cada uno de nosotros a través de Su amado Hijo Jesús y la protección del Espíritu Santo. A partir de que lo acepté y abrí mi corazón a Él, comencé a entender y a aprender de la Palabra como nunca, cada versículo empezó a tener significado. Por eso es vital que uno comprenda la importancia de estar en constante lectura y estudio de la Palabra, ya que solo así podremos avanzar para crecer espiritualmente.

Así descubrí que mi pasado, presente y futuro están solo en el Señor y en Su misericordia declaró que no existe mejor corona que haber conocido a Cristo. De allí entendí mi verdadero propósito de vida, llevando el mensaje de inspiración cristiano por el mundo, brindando aliento y esperanza a otros a través de programas de inspiración como conferencias, charlas, actividades y herramientas de crecimiento personal. Entendí que parte del plan que Dios tenía para mí era escribir mi testimonio, también comprendí que necesitaba conocer la Palabra en una dimensión mayor y por eso decidí hacer un máster en teología para estar preparada y así poder compartir el mensaje de la Palabra y ayudar a otros a aceptarla y hacerla parte de su existencia. He aprendido a través de mi relación con Dios que mis mensajes deben hablar de la grandeza de Su bondad, de Su misericordia, de Su perdón y de Su justicia.

Nuevas fuerzas como águila

Es maravilloso repetirnos diariamente que quienes esperamos en Dios tendremos nuevas fuerzas y levantaremos alas como águilas, como dice en Isaías 40:29-31. En efecto, solo cuando tenemos fe en Dios podemos desplazarnos por circunstancias difíciles y renovar nuestras fuerzas a pesar del cansancio y la desesperanza que pretenden provocar en sus víctimas. Muy claro nos lo dejó saber nuestro Señor Jesús al señalar que el Espíritu Santo tiene la misión de consolarnos, como dice en Juan 14:13-16, y que estará con nosotros siempre. Siempre comento que hemos recibido más de lo que pudiéramos imaginar, habiendo hecho poco o nada para merecerlo. La reconciliación de Dios con cada persona, pueblo, país y continente viene solo a través de Cristo. A pesar de que el hombre es como la hierba, débil y frágil, es en la Palabra de Dios que podemos apoyarnos, para que Él así haga de nuestras debilidades Su fortaleza y podamos vivir con Dios eternamente. El verdadero creyente en Jesús anuncia y proclama las Buenas Noticias que Él trae para toda persona y así confirma que solo Jesús es nuestro Salvador.

Dios no es igual a nada, ni tiene similitud con nadie, no existe algo que pueda asemejarse a Él, ni a Su grandeza. Nadie puede hacer lo que Él ha hecho en el universo, ni lo que puede hacer por cada uno de nosotros. Solo Él nos puede enseñar el camino correcto para lograr ser mejores seres humanos cada día y caminar alejados de la influencia de nuestros propios pecados. Isaías nos hace una fuerte advertencia acerca de la idolatría (Isaías 44:9), no podemos hacer de Dios una talla ni de madera ni de oro ya que nada se puede comparar a Él. Hay personas que lamentablemente quedan enganchadas con la idolatría, pensando que en un trozo de madera está representado Dios, sin entender que donde debe estar Dios verdaderamente es en sus corazones. Dios conoce las dificultades de cada uno, Dios sabe nuestros tropiezos y nuestras victorias, nada está fuera de Su visión, ningún camino está escondido para Él. Cada prueba que Dios permite que enfrentemos es para enseñarnos y prepararnos para la siguiente. Dios posee un entendimiento que ningún ser humano puede interpretar o alcanzar. Solo Dios nos puede dar las fuerzas que necesitamos para continuar nuestro camino lleno de esperanza, solo Él nos da el consuelo, solo Él nos sostiene, solo Él es nuestro Salvador. ¡Solo a través de Él tendremos y renovaremos nuevas fuerzas como un águila!

Acepté mi ministerio

En el mundo en que vivimos hoy, los cristianos muchas veces consideran equivocadamente que pueden vivir su religión de manera privada y personal sin necesidad de relacionarse con nadie. Es más que importante mantener una relación diaria con Dios y compartirlo con todos los que nos rodean, llámese familia, trabajo, amigos o comunidad. Otra de las características del mundo de hoy es que muchas veces a los mismos cristianos les es difícil aceptar las situaciones complejas en las que viven. En muchos casos, el mismo cristiano no logra comprender cómo se puede tener gozo en el corazón en medio de las adversidades. El gozo tiene que estar sujeto y descansar sobre la relación estrecha y continua con Dios. Esto es lo que definitivamente traerá la sanación a la vida del cristiano y también ayudará al líder cristiano en su actividad ministerial. Asimismo, son indicadores que revelan la importancia que como cristianos tenemos, en lo particular y en lo ministerial, de la necesidad y las ventajas de someternos libremente y sin oposición a la autoridad de Dios.

Como seres humanos no podemos, ni podremos nunca, entender ni razonar a profundidad y con exactitud la simplicidad que existe en la Trinidad: Dios Padre, Cristo y Espíritu Santo. Pero lo que sí debemos aprender y tener como enseñanza importante es que, en nuestro ministerio y relaciones con los demás, no podemos perder la simplicidad, la naturalidad y la sencillez. Opino lo mismo que dice Millard J. Erickson, profesor de teología y autor, cuando señala que no necesariamente creemos en la doctrina trinitaria porque sea lógica o evidente, sino porque Dios nos ha revelado cómo es Él en Su inmensa divinidad. La idea de Erickson puede resumirse así: las tres personas de Dios son uno en esencia.[1] Nuestra actitud y nuestro desempeño deben caracterizarse por proyectar simplicidad. Dios nos dio una personalidad determinada, nos dio cualidades y habilidades únicas, con el propósito de alcanzar a desarrollar nuestro ministerio y nuestra misión de vida aquí en la tierra.

Los líderes cristianos que se abocan a un ministerio deben estar conscientes de que su actividad depende completamente

---

1. Ver Millard J. Erickson, *Christian Theology*, 2a edición (Grand Rapids, MI: Baker Academic, 1998), 362.

de su relación estrecha con Dios. Eso hará que la persona no dependa de sus propios conceptos o ideas, ni se afinque en su propio ego, sino que acepte sus dones como bendiciones que solo provienen de Dios y que le permitirán realizar la actividad ministerial a la cual está llamado. Todo cristiano debe estar seguro de que Cristo estará siempre presente en nosotros espiritualmente. Cuando Cristo subió a los cielos para estar con el Padre, el Espíritu Santo descendió para estar en los creyentes. Y, tal como ayudó y guio a los apóstoles a realizar sus misiones, de igual manera está con nosotros para dirigirnos y guiarnos, en el cumplimiento de nuestra misión o ministerio. Una de las enseñanzas más significativas que aprendí al realizar mi máster en teología es que la misión de la iglesia y de los líderes de la iglesia no es una actividad netamente de naturaleza humana, como muchas veces pensamos. No se trata de que la misión sea particularmente de un líder o de una iglesia en específico.

La misión que traemos al mundo es la misión de Dios mismo, en la cual Él nos invita a participar.

Como cristianos comprometidos debemos orar más y alabar más al Padre, al Hijo y al Espíritu Santo. Necesitamos conocer más a Dios, pero sobre todas las cosas no podemos olvidar Su inmenso amor y unidad, la cual debe estar implícita en nuestra relación con el cuerpo de Cristo.

En la medida que mi fe ha ido creciendo a través de mi relación con Dios, he podido evidenciar en gran manera Su bondad y misericordia. Lo he podido comprobar en mis propias circunstancias, en los momentos de mayor tristeza o en medio de terribles dificultades. Él ha conducido cada situación, protegiéndome, enseñándome, guiándome. Dios me ha mostrado en todo pasaje cómo cada situación tenía un sentido en Su plan.

Claro que esto lo he podido comprobar después que ocurren las situaciones y he encontrado las soluciones que Él ha puesto en mi vida. Y sí puedo decir con toda sinceridad que no tenía dudas de la manera maravillosa en la que Dios estaba en control, a pesar de lo complejo de esos momentos. Esta seguridad me la ha dado Dios mismo a través de mi fe plena de esperanza, obediencia y dependencia en Cristo Jesús.

Mi propósito es que quienes se sientan identificados con mi historia puedan reconocer el indescriptible beneficio de tener a Cristo como el centro de sus vidas. La clave para hacerlo es abrir sus corazones y mantener como norte la obediencia y la fe solo en Él.

Recuerda Hebreos 11:1:

> *La fe es la certeza de lo que se espera, la convicción de lo que no se ve.*

Salmos 145:18:

> *El Señor está cerca de quienes lo invocan, de quienes lo invocan de verdad. (NVI)*

Proverbios 3:5-6:

> *Confía en el Señor de todo corazón, y no en tu propia inteligencia. Reconócelo en todos tus caminos, y él allanará tus sendas. (NVI)*

¡Atrévete
a alcanzar el
crecimiento espiritual!

CAPÍTULO 13

La salud que está en mis manos

Cuando nos sentimos contentos con lo que somos y con nuestro esfuerzo por ser mejores cada día, ¡nuestro sistema inmunológico mejora, se fortalece y se siente preparado para librar la batalla diaria!

REPETIDAMENTE ME HA SUCEDIDO QUE, cuando les digo a las personas que les hablo a las células de mi cuerpo, me miran escépticos. Lo he dicho en varios programas de televisión cuando me preguntan qué es lo que hago para verme siempre bien. Los periodistas o conductores del programa se quedan intrigados y me preguntan cómo se hace eso. No quiere decir que mis células tengan oídos para escucharme, pero sí sienten y reciben lo que les comunico. Tampoco significa que se reúnen todas como en un teatro para escucharme, como si asistiesen a una de mis conferencias. No dudo lo divertido que sería si algo así pasara, porque lo mejor que me pudiera suceder es que yo me sentara en una conferencia a escucharlas a ellas. Las células guardan muchos secretos sobre nuestro organismo que jamás entenderemos, a menos que seamos estudiosos o científicos enfocados en esta materia.

Desde hace más de treinta años les hablo a mis células, y no solo a mis células, también le hablo a mi cuerpo. Para mí es una forma de agradecer a Dios por la bendición del regalo de la vida que me ha dado.

Hay que agradecerle a Dios por el organismo tan completo y perfecto que ha creado, para que nosotros lo respetemos y cuidemos en nuestro tránsito por la tierra.

Pero, Bárbara, ¿cómo se les habla a las células?, puedo suponer que es lo que te estarás preguntando. Es muy fácil: en mi imaginación comienzo por hacer un recorrido interno, a pesar del poco conocimiento que tengo de mi propio organismo, me desplazo por dentro de mi organismo mentalmente, en un grato viaje que me lleva a visitar distintos lugares. Es tan normal en mí que lo hago sin pensarlo mucho. Simplemente viajo internamente y les hablo a mis células como parte de mi rutina diaria. Casi todas las mañanas o en las noches inicio este recorrido —saludo, bendigo y escucho con atención a mi cuerpo.

Son miles de millones de células que tenemos repartidas por todo el cuerpo. El ser humano tiene aproximadamente 7mil millones de células, algunas con apenas 0,01 mm de diámetro, y lo increíble es que tienen múltiples tareas por realizar cada día. Desde el colegio se nos habla de la importancia de las células como el "bastión del cuerpo". Nos lo explican diciéndonos que las células son como un inmenso rompecabezas, donde cada una realiza una actividad en específico, siendo todas vitales, y unidas constituyen un todo. Es impresionante entender que la célula es un ser vivo diminuto. Las células que tienen las mismas características estructurales se reúnen y así juntas forman el tejido o los tejidos especializados en una o más funciones, si bien existen diversas células que tienen solo una única función. El mundo celular es justamente eso, un mundo, del cual por lo general vivimos aislados hasta que se nos menciona alguna enfermedad bacteriana, viral o aquellas más graves que producen alteraciones celulares como el cáncer.

Las células envejecen con el paso del tiempo, ya que están constantemente dividiéndose, y en cada división van envejeciendo y los telómeros se van haciendo más cortos. Te preguntarás: *¿Cómo?*, yo también me lo pregunté: *¿Qué son los telómeros?* Y me impresioné cuando lo investigué. Vengo diciendo desde hace ya varios años que sí podemos intervenir en nuestras células, pero me ha sido difícil sostenerlo y demostrarlo ya que no soy científico. Ahora más que nunca se está empezando a hablar con mayor propiedad sobre este tema, ya que es parte de los grandes descubrimientos de la ciencia.

Quienes han sido escépticos ahora se acordarán de que he hablado de estos temas mucho antes de que existieran las investigaciones publicadas. Existen evidencias en las redes sociales y en YouTube donde salgo aseverando que parte de cómo me veo y me siento se debe a que he podido intervenir en mis células con mi propia metodología de comunicación a la que llamo "Inspiración 3A". Así que puedo confirmarte que, mucho más de lo que imaginas, tú sí tienes la posibilidad de mantener una salud óptima y lograr ralentizar tu proceso de envejecimiento.

He estado leyendo con detalle el libro de la doctora Elizabeth Blackburn y la doctora Elissa Epel, *La solución de los telómeros*. La doctora Blackburn obtuvo el premio Nobel de medicina en 2009 haciendo honor a todas sus investigaciones sobre los telómeros. Los telómeros son una especie de cápsulas que cubren las terminaciones de los cromosomas e impiden que el material genético se desenrede. La doctora Blackburn dice en su libro:

> *Los telómeros, que se acortan en cada división celular, ayudan a determinar qué tan rápido envejecen tus células y cuándo morirán, dependiendo de qué tan rápido se desgasten. El extraordinario descubrimiento de nuestras investigaciones en el laboratorio y de otras alrededor del mundo es el siguiente: los extremos de nuestros cromosomas se pueden alargar, y como resultado, el envejecimiento es un proceso dinámico que se puede acelerar o ralentizar y en algunos aspectos incluso revertir. Envejecer no tiene que ser, como se pensó por mucho tiempo, una pendiente resbaladiza de un solo sentido hacia la enfermedad y el deterioro. Todos vamos a envejecer, pero la manera depende mucho de nuestra salud celular.*[1]

Hoy en día, conocemos más sobre las posibilidades que tenemos de vivir una vida sana, lo cual determinará en gran parte la forma en que envejeceremos al igual que lo saludable o no que estaremos en el futuro. Una vida más equilibrada, una alimentación sana y ejercicio en nuestra rutina diaria, todos contribuirán a que nuestros telómeros puedan alargarse y así el

---

1. Elizabeth Blackburn y Elissa Epel, *La solución de los telómeros* (Ciudad de México: Penguin Random House, 2017), de la introducción.

proceso de envejecimiento pueda ser más lento. No obstante, lo que me parece muy importante de estos estudios es que destacan que es la actitud ante la vida lo que realmente determina la salud de tus telómeros. Por lo tanto, una actitud negativa o de victimización pudiera afectarte celularmente haciendo que los telómeros en tus células se hagan más cortos, acelerando así el envejecimiento celular.

Si tu actitud ante la vida y las circunstancias es positiva, aun cuando no te agrade lo que viviste o estés viviendo, lograrás avanzar hacia adelante sin victimizarte. Confía en el poder que Dios tiene en tu existencia, cree en Su Palabra, decide aprender a tener control de tus emociones y pon todo de tu parte para ser cada día mejor en las diferentes etapas de tu vida. No te conformes, no te digas: "Me acepto como estoy o como soy", a partir de hoy comienza a decirte: "Me acepto, sin embargo, sé que cada día puedo aceptarme más, porque seré mejor que ayer". Entonces así descubrirás que tu historia puede ser como las libélulas que se transforman de ninfa a libélula, tal cual lo explico a detalle en mi primer libro *"La belleza de saber vivir"*. Te aseguro que lograrás un mayor control con respecto a tu salud, ya que es algo que tú misma puedes hacer por ti, por ese regalo que Dios te dio: tu propia existencia.

Es muy importante comprender que las situaciones no son las que alargan o acortan los telómeros de nuestras células, son las actitudes que tenemos frente a estas circunstancias las que podrán influir de manera positiva o negativa en los mismos. Yo comprendí todo esto muy joven sin haberse descubierto, lo entendí a través de mi relación con Dios. Por eso hoy en día me veo tan bien a mis cincuenta y cinco años, sin cirugías y sin tratamientos invasivos. Esto no quiere decir que no continúe envejeciendo, pero sí estoy totalmente segura de que mi proceso de envejecimiento ha sido más lento y por esa razón me siento y veo tan jovial. Los mismos médicos me lo dicen, se impresionan al observar que me mantengo sin cirugías y con la buena salud que gracias a Dios hasta hoy me ha acompañado. Siempre me dicen que luzco más joven que mi edad cronológica. Estoy segura de que futuras generaciones lo harán de manera rutinaria, como yo lo hago desde hace muchos años. Me hace mucha gracia imaginarme que quizás en el futuro mis nietos me dirán que para ellos eso es algo cotidiano y se preguntarán: *¿Por qué las generaciones anteriores no lo comprendieron y pusieron en práctica?* Yo explico mi metodología con total naturalidad, aunque a muchos les cuesta creer la verdad, sin embargo, me siento satisfecha de que lo compartí infinidad de veces y que abiertamente sigo brindando las claves de mi secreto de salud espiritual y de belleza.

Mi metodología "Inspiración 3A"

Puedo suponer que te quedaste pensando: *¿Qué es "Inspiración 3A"?*. Bueno, es la metodología que yo misma creé y utilizo para comunicarme con mis células. Las tres A corresponden a las palabras que utilizo para comunicarme: agradecimiento, actitud positiva y amor. La gratitud es un tema maravilloso y amplio, es uno de mis nueve pasos de crecimiento integral, por tal razón le dediqué un capítulo completo en mi primer libro, donde destaco todas las bondades de la gratitud. Aquí comparto contigo un resumen de algunos asuntos importantes sobre las bondades de la gratitud. Del tema de la gratitud ya se han hecho varios estudios, los cuales nos confirman que la gratitud brinda salud, ya que defiende el sistema inmunológico. La gratitud también nivela la presión y el ritmo cardiaco, acelera el proceso de recuperación de los enfermos y baja el estrés diario. La gratitud promueve la lucidez y se ha demostrado que las personas agradecidas son menos propensas a la depresión. Es a través de la gratitud que podremos ser más conscientes de que los problemas, más que ser obstáculos, son una oportunidad "disfrazada" para crecer y avanzar en la vida. Yo sé lo que estás pensando: *Pero ¿cómo agradecerás las cosas terribles que te han pasado o por las que estás pasando ahora mismo?* No se trata de agradecer las tristezas, tragedias o pérdidas materiales o familiares, no se trata de agradecer los dolores que tenemos o las enfermedades que padecemos. Se trata de agradecer lo que Dios sí puede hacer por ti en medio de esas situaciones difíciles o negativas y cómo Él nos puede rescatar, proteger, guiar y consolar cuando estas circunstancias son irremediables. Soy una gran defensora del poder de la gratitud, ya que en la medida que agradecemos sinceramente por lo que Dios nos ha regalado, en esa misma medida estaremos preparados para enfrentar nuestras batallas físicas y espirituales.

La actitud positiva también forma parte de uno de mis pasos de crecimiento integral, como lo explico más concretamente en el paso de la aceptación, en el primer capítulo de mi primer libro. Por sus grandes bondades la actitud positiva también forma parte de mi metodología de comunicación "Inspiración 3A". Dependiendo de nuestra actitud podrían ser más duras las consecuencias de los sucesos que nos han tocado vivir. Las tormentas de la vida siempre te sacudirán, sin embargo, si logras mantener una "actitud positiva" estas nunca te derrumbarán. La actitud positiva no se puede comprar ni tomar prestada. Solo se puede obtener cuando aceptamos las situaciones que nos ocurren, no porque nos agraden, sino porque al aceptarlas comprendemos de manera más profunda la situación y solo así tendremos la capacidad para asumir la actitud positiva debido a la misma aceptación de las situaciones. Logramos así encaminarnos para buscar los cambios y soluciones con la promesa de salir adelante. La vida, como bien sabemos, está llena de peligros, riesgos y también de tentaciones nada productivas para nuestra vida. La existencia, por igual, está llena de obstáculos que necesitamos derribar o vencer, pero nunca debemos darnos por vencidos, ni quedarnos inmóviles, compadeciéndonos de nosotros mismos. En esa dirección jamás encontraremos las soluciones, por el contrario, toda actitud negativa te arrastrará a "sitios" dentro de tu propio ser, de los cuales será muy difícil salir.

El amor es también parte de mi metodología de comunicación "Inspiración 3A". El amor es lo más importante y poderoso que puede transformar nuestra vida. Puede darte salud, embellecerte y mantenerte siempre jovial. Las personas por lo general piensan que hablo sobre el amor a la pareja o el que proviene de nuestros seres queridos, por supuesto este es maravilloso, pero me refiero al amor de Dios. Te hablo de la importancia de reconocerlo para realmente disfrutarlo y hacerlo parte de nuestro diario vivir, porque en efecto ese amor existe, el problema es que muchas veces no sabemos que está "disponible" para nosotros. El gran amor de Dios hacia nosotros nos permitirá, al aceptarlo, ver los grandes cambios que pueden operar en nuestra existencia, no solo en nuestra salud, sino en todo lo que hacemos y en nuestra interacción con el mundo en el cual vivimos.

Dios desea imprimir Su carácter en cada uno de nosotros a través de Su amor y, si lo aceptamos, entonces seremos guiados a través del Espíritu (Gálatas 5:18,25). A través de la obra del Espíritu, Dios nos guiará para llegar a ser la expresión de Su gloria. Nuestro Padre Dios utiliza el fruto como una metáfora, haciendo relación con lo que puede ocurrir en el ser humano que sigue a Cristo, en el cual se manifestará "el fruto del Espíritu" si primero muere a su naturaleza pecaminosa (Gálatas 5:24). El fruto es el carácter de Cristo producido en nosotros para demostrarle al mundo quién es Él y lo que puede hacer en nosotros. El fruto del Espíritu se compone de varias virtudes, pero es uno solo, no se pueden separar estas cualidades ya que están unidas por el amor de Dios (1 Corintios 13:4-8).

Estas virtudes se van desarrollando en la medida que el cristiano se somete a la guía del Espíritu Santo que vive en él. El Señor Jesús es la vid verdadera (Juan 15:5), en la cruz Él sepultó nuestra vieja naturaleza (Gálatas 5:19-20) y con Su muerte y resurrección nos regala una nueva vida en Él (Gálatas 5:22-23). Por experiencia propia sé que Dios utiliza Sus tijeras de podar y nos deja sin hojas y sin ramas, nos deja como un tronco despojado de todo. Solo a través de la "poda" de Dios produciremos abundantes frutos (Juan 15:2) ya que separados de Dios no podemos producir por nosotros mismos nada (Juan 15:4-5). Como cristianos es una bendición poder ser reflejo de las cualidades del fruto del Espíritu, porque será la confirmación para otros de lo que Dios puede hacer en aquel que lo sigue (Juan 15:8). Es vital que como seguidores de Cristo nos esforcemos diariamente en aumentar nuestra fe con virtud. De esa manera comprobaremos la misericordia de nuestro Padre Dios hacia nosotros, logrando así convertirnos en mejores seres humanos, llenos de amor para servir a otros y glorificando a Dios (2 Pedro 1:5-8).

La juventud se encuentra en el espíritu

La juventud, si logramos entenderla en profundidad, debe estar en nuestro espíritu, ya que no está reservada para utilizarse solo en un tiempo limitado de nuestra edad cronológica. Si hacemos una profunda reflexión de lo que verdaderamente somos, nos daremos cuenta de que somos más espíritu que cuerpo. Este último estará solo un "tiempo" en la tierra, sin embargo, el espíritu unido con Dios permanecerá junto a Él por la eternidad. Las personas pueden lucir una juventud exterior, y al mismo tiempo estar muertos espiritualmente. Lamentablemente, es algo que forma parte del mundo, ya que muchos presumen disfrutar una juventud desbordante, sin embargo, es algo desconocido para ellos. Existen millones de personas jóvenes, pero muertas en su desarrollo espiritual. ¿Para qué me sirve ser joven exteriormente si mi interior está muerto? Esta es una pregunta compleja que necesita hacerse cada persona en el mundo, para así prepararse y buscar a través de su relación con Dios un espacio en el que su juventud resida por siempre en su espíritu. Justamente es nuestro ser interior el que tiene la oportunidad de vivir siempre en la eternidad.

Es una bendición poder disfrutar de todos los años que tengamos la oportunidad para vivir durante nuestro tiempo aquí en la tierra, con una juventud "cabalgando" en nuestro interior. Esa juventud interna no será objeto del paso de los años, ya que la salud y la juventud que resida en nuestro espíritu son lo que podrá permanecer a pesar de que nuestro cuerpo envejezca, esté enfermo, tenga dolencias o haya sido víctima de injusticias y sufrimientos. Nuestro espíritu puede permanecer como un niño: lleno de vida, vigoroso, saludable, inocente, bello y amoroso por siempre. Para ello es fundamental mantenerte en una constante búsqueda de aprendizaje y conocimiento de Dios. Solo a través de su amor podrás ver la manera "jovial" en que se proyectará toda tu vida, aun en medio de las circunstancias que te toque enfrentar. Si te propones lograrlo con voluntad y determinación, te aseguro que ni los años ni las arrugas te arrebatarán la juventud que todos celebrarán en ti. Recuerda, si te lo propones, de ti saldrá un caudal desbordante de belleza y juventud que vivirá en tu espíritu eternamente.

He aquí la salud que está en mis manos en nueve pasos:

1. Al levantarte en la mañana dale gracias a Dios por lo que tienes y por lo que no tienes, sabiendo que Él está en control de tu vida.
2. Ponte la armadura de Dios antes de empezar tu día (Efesios 6:10-18).
3. Expresa tu amor a tus seres queridos, no dejes que pase un día sin decirles "te amo".
4. Busca un tiempo de atención a ti misma, para poner en práctica mi metodología de "Inspiración 3A".
5. Asume tu día con responsabilidad y recuerda que todo lo que hagas es para la gloria de Dios.
6. Sé receptiva con el prójimo y ponte en los zapatos del otro con generosidad y comprensión.
7. Haz todo con el propósito de edificar al otro. Deja huellas en todo lo que haces y dices.
8. Disfruta cada momento como si fuera tu último día.
9. Da gracias a Dios al terminar tu día por todo lo que pudiste hacer, por tus logros o éxitos y también por lo que no se ha podido lograr, sabiendo que Dios tiene un tiempo y un control total de tu existencia a la cual le dará propósito y vida eterna.

¡Atrévete

a cuidar la salud que
está en tus manos!

CAPÍTULO 14

Ser mujer líder y emprendedora

MUCHOS SON LOS CAMINOS QUE recorremos en la vida y casi todos nos sorprenden. Son innumerables las veces que nuestro Dios nos muestra señales y nos enciende luces para indicarnos y enseñarnos algo importante, al igual que nos advierte para que nos alejemos de situaciones en las que no debemos estar envueltos. Nos envía mensajes a través de otras personas para que así podamos cumplir con nuestra misión de vida.

Quienes me conocen saben que mi familia materna era originaria de España, concretamente de las islas Canarias. Mi abuela adorada nació en una pequeña comarca llamada Chio, geográficamente situada en la zona montañosa del sur de la isla de Tenerife. Desde niña tenía yo el deseo de conocer esta remota región de España enclavada en el océano Atlántico. Mi abuela Carmela recreó mi infancia con historias y cuentos que me hacían imaginar y realizar travesías en sueños por estas tierras. Ella me inculcó un sentimiento de pertenencia especial hacia las islas y una identidad muy clara respecto a esa cultura; en otras palabras, me dejó una herencia de imágenes, sabores y colores de la tierra que la vio nacer. Viví muchos años con una asignatura pendiente, abrigando el deseo de conocer las islas Canarias, pero sin tener la más mínima idea de la sorpresa que me esperaba y del regalo que Dios tenía preparado para mí.

Hoy en día las redes sociales nos comunican con el mundo. Es así como en segundos podemos tender puentes que nos llevan a conocer lugares, personas, situaciones, comunidades y movimientos que de otra forma no podríamos recorrer, conocer o predecir. A lo largo de mi vida han llegado innumerables mensajes y conexiones de personas que, en algún sentido, sienten la necesidad de contactarme porque desarrollan una afinidad en particular conmigo. Hoy en día mis seguidores suman cientos de miles y no dejan de sorprenderme con sus mensajes y afecto, comprometiéndome cada día más a enviarles, a través de mi ministerio de evangelización, mensajes de inspiración, esperanza y fe.

En el año 2013, me contactó por Facebook una persona con el interés de conocerme y realizar una conferencia, como ha sido usual en los últimos años. Ella, con el deseo de acercarse más, manifestó un deseo claro en conectarse conmigo y me preguntó cuándo iría a España, a lo cual respondí que estaría encantada de ir cuando se organizara una conferencia. Esta persona no se dedicaba a la organización de eventos, ni tenía contactos, ni siquiera sabía cómo dar los primeros pasos para producir este tipo de eventos. Posteriormente me di cuenta de que tenía un interés especial en las conferencias, sin embargo, con un sincero sentido de honestidad me comunicó que no poseía la más mínima experiencia. Pasado algún tiempo, continuó comunicándose conmigo, insistiendo en su idea hasta el punto de proponer realizar por su propia cuenta y riesgo una conferencia en las islas Canarias. Mi equipo, a través de mi esposo, inició el seguimiento a esta iniciativa y, aunque nos dimos cuenta de manera inmediata que esta persona no tenía la experiencia ni los recursos para llevar a cabo el evento, decidimos apoyarla y guiarla, enseñándole cómo seguir adelante.

De ella percibimos una voluntad inquebrantable para conseguir ese resultado, una transparencia inusual, un afecto sin límites y un corazón extremadamente hermoso. La inquietud con la que se entusiasmaba por el tema era totalmente espiritual, estaba fuera de todo contexto terrenal, su propósito era superior e inexplicable: era la representación del propósito que Dios le reflejaba para ejercer Su plan. Por estas razones y en el medio de gran incertidumbre, continuamos sin parar, ayudándola a interpretar su propósito y nos embarcamos en la aventura de viajar a la isla de Tenerife para realizar este evento, mientras me transportaba al lugar que tantas veces dibujaba en mis sueños de niña: la tierra de mi adorada abuela Carmela.

Sin tener la mínima idea de las páginas de la historia que comenzábamos a escribir, reconocí que había llegado a mi vida un ser humano extraordinario que me cautivaría el alma, alguien que se convertiría en una pieza invalorable para mí y para mi familia y quien desde ese momento ocuparía un espacio inmenso en nuestros corazones. Así de esta forma tan especial aterrizó Lissette González en mi vida, para convertirse en mi hermana en la fe y quien venía a sorprenderme con la misión maravillosa que Dios le había encomendado. Lissette había nacido en Venezuela y emigró a las islas Canarias buscando mayor crecimiento personal y profesional, con el deseo inmenso de levantar una familia al lado de su esposo, nuestro querido Carlos, y sus tres hermosos hijos: Gabriela, Samuel y Daniela.

Dueña de una determinación única, Lissette traía un cometido que le había sido revelado en un sueño mientras dormía, y que le susurraba la necesidad de que debía conectar con Bárbara Palacios para cumplir el plan. Lo que ella no sabía, y ni siquiera sospechábamos ninguna de las dos, es que ese sueño sería la antesala para hacer realidad otro más importante: crear una plataforma para el empoderamiento de la mujer y llevarla por el mundo para impactar la sociedad a través de la voz de cientos de mujeres contando su historia de coraje, fe y determinación. De la mano de nuestra querida Lissette venía empaquetado en ese sueño el concepto de lo que hoy en día es "Ser Mujer Líder y Emprendedora Está de Moda".

No obstante, el camino no fue fácil. El inicio fue marcado por una serie de eventos en Tenerife. Lissette con una voluntad inquebrantable y mucho coraje gestionó todo para llevarme a Canarias y realizar el primer ciclo de conferencias, en medio de grandes obstáculos, limitaciones familiares y temores. Sin embargo, lo hizo todo siempre con un deseo inmenso de impactar a muchas personas en el mundo a través de lo que para ella significaba Bárbara Palacios, interpretando así el deseo que Dios había puesto en su corazón. De esta manera, realizamos nuestro primer evento y pudimos aprender muchísimo de esta gran experiencia, al mismo tiempo que llevamos un mensaje de esperanza, crecimiento personal y bienestar para quienes asistieron.

Además, para mí, fue la gran oportunidad de alcanzar el sueño de revivir las historias de mi adorada abuela, honrar su recuerdo y sus enseñanzas repasando los caminos y rincones de esa hermosa isla. De esa manera reivindicaba parte de mi maltrecha historia familiar, la que por muchas razones era muy triste de recordar, no había podido encuadrar ni completar en los espacios de mi corazón.

La visión de Lissette creció y no paraba de proyectar, organizar y armar lo que veía y sentía en su corazón. Su mente se llenaba constantemente de imágenes de mujeres que se inspiraban en mí. Pensaba, dibujaba y escribía lo que Dios le decía que debía hacer para arropar y empoderar a la mujer, multiplicando así el mensaje con otras mujeres en sus propias localidades, para impulsar sus carreras y llevarlas a un nuevo nivel.

Durante ese proceso otras personas se sumaron para apoyar a Lissette, una de ellas fue Leo Pierre, coach y conferencista radicado en Barcelona, de origen francés quien brindó su tiempo, paciencia y dedicación para diseñar y coordinar un segundo evento. Un ser humano generoso, a quien agradecemos siempre y tendremos en nuestro recuerdo. También se integró al grupo mi querida hermana en la fe Yohansi González, quien, al igual que el pastor Philippe Chevalley, fue de los que más creyeron en este proyecto y todos con su cariño y solidaridad nunca dejaron de orar, estimularnos y acompañarnos en esta travesía.

Nace "Ser Mujer Líder y Emprendedora Está de Moda"

Posterior a la experiencia de Tenerife, nuestra amistad y hermandad se consolidó y nos permitió profundizar en el propósito común de empoderar a la mujer. Para organizarnos y trabajar con mayor enfoque, le propuse a Lissette convertirse en la

Directora para Europa de Bárbara Palacios Network. No lo dudó ni un segundo, y comenzó una nueva etapa que ha dado innumerables frutos y nos ha planteado grandes desafíos.

"Ser Mujer Líder y Emprendedora Está de Moda" fue concebido con el propósito de inspirar, motivar y apoyar a las mujeres. Es un evento destinado a destacar el trabajo de mujeres de diferentes ámbitos y culturas con historias de valor, superación y optimismo. Es un evento único, una oportunidad para compartir experiencias, desarrollar potenciales, fomentar nuevas relaciones para fortalecer la carrera y el valor profesional de la mujer, así como también impulsar cambios importantes en el futuro. Son mujeres que reconocen su liderazgo y comparten un objetivo en común, ¡luchar y triunfar!

Es cierto que aún persiste la desigualdad salarial y una escasa presencia de las mujeres en cargos gerenciales en muchos países, al igual que es verdad que la incursión femenina en las empresas se está dejando sentir e influye tanto en el desarrollo de los procesos y la innovación como en los mercados y hábitos de consumo.

A nivel salarial, la diferencia entre los sexos se está reduciendo gracias a la incursión de la mujer en la creación de empresas. Por ejemplo, investigaciones recientes han revelado que las compañías tecnológicas creadas por mujeres utilizan el capital y los recursos de manera más eficiente que aquellas constituidas por hombres, cambiando por tanto los métodos de gestión de una empresa.

Está comprobado que, gracias a su mayor participación en el mercado laboral y su peso en la toma de decisiones de consumo en la familia, la influencia de la mujer en los procesos económicos de nuestra sociedad es cada vez más importante y es fundamental para el mejoramiento de la sociedad y de la familia.

Sin embargo, aunque los cambios son evidentes aún no son suficientes. Un mayor acceso a la educación constituye una etapa clave del cambio. Hoy en día en España, por ejemplo, las mujeres representan el 60 % de los licenciados y el 45 % del mercado laboral, pero al llegar a la alta dirección empresarial este porcentaje desciende al 10 %. Aunque la Ley Orgánica 3/2007 para la igualdad efectiva de hombres y mujeres, una ley de España, establece que las empresas debían procurar que tuviesen un 40 % de presencia femenina, para el año 2015 aún se estaba lejos de esa meta.

De acuerdo con la ONU Mujeres, los países de América Latina y el Caribe han asumido importantes compromisos en lo que se refiere a los derechos de la mujer. Todos ellos han ratificado la Convención sobre la eliminación de todas las formas de discriminación contra la mujer, y catorce de ellos han ratificado además su Protocolo Facultativo. El sistema interamericano de derechos humanos incluye un poderoso instrumento regional para combatir la violencia contra las mujeres: la Convención de Belém do Pará. En consonancia con los acuerdos internacionales y con la Plataforma de Acción de Beijing, y tras muchos años de trabajo a favor de los movimientos de mujeres, varios países decidieron actuar para promover la igualdad de género a través de la modificación de sus constituciones, la creación de ministerios o institutos de asuntos de la mujer, la reforma de sus códigos civiles, la tipificación de la violencia de género como delito y el establecimiento de cuotas de género para los cargos políticos.

A pesar de que casi todos los estados de la región están considerados como países de ingreso medio, siguen existiendo altos niveles de desigualdad y exclusión social, especialmente entre las mujeres, los pueblos indígenas y afrodescendientes, y los jóvenes. De acuerdo con el Informe sobre Desarrollo Humano para América Latina, en la última década en esta región se encuentran diez de los quince países con mayores niveles de desigualdad del mundo. La seguridad pública es una preocupación creciente; surgen nuevas formas de violencia contra las mujeres y el femicidio es cada vez más habitual.

ONU Mujeres actúa en la región de América Latina y el Caribe y su iniciativas se centran en tres áreas prioritarias de intervención consideradas estratégicas, para superar los desafíos comunes en los países de América Latina y el Caribe: participación política de las mujeres y liderazgo, empoderamiento económico de las mujeres y erradicación de la violencia contra las mujeres y las niñas.

Múltiples programas persiguen el objetivo de acabar con la violencia contra mujeres y niñas a través de la ampliación de la prevención y el acceso a los servicios para las sobrevivientes. Se trabaja con los diferentes países para reforzar las leyes y las instituciones que protegen a las mujeres y se involucran a los hombres en las tareas de lucha contra la violencia.

Las legislaciones creadas por los distintos países del mundo y los aportes de la ONU han influido de manera positiva en esta situación, pero no bastan. La evolución del papel de la mujer en el mundo profesional debe alcanzar a más mujeres convencidas de su potencial, de sus capacidades y del valor de lo que pueden aportar a esta sociedad.

Para proveer respuestas y canalizar soluciones creamos "Ser Mujer Líder y Emprendedora Está de Moda". Es un evento único de un día para empoderar a la mujer, una jornada de talleres, paneles y seminarios en un entorno positivo y de intercambio de experiencias y conocimiento. Es una jornada para destacar la determinación de la mujer líder y emprendedora, una oportunidad inigualable para reunir a expertos motivadores e inspiradores, activistas e influenciadores internacionales y mentores de alto nivel con el propósito de generar poder, creatividad y mayor productividad en la participación y el liderazgo femenino.

Este evento se crea bajo mi propia dirección y la de Lissette González conformando todo el equipo para llevar un mensaje claro de inspiración, apoyo y motivación a la mujer de hoy. A través de mi plataforma Bárbara Palacios Network llevamos este concepto a distintos países con presentaciones y conferencias cuyo objetivo es siempre empoderar a la mujer y facilitar el desarrollo de sus fortalezas y talentos. De la mano de Lissette ya se han ejecutado diversos eventos en España, juntas llevamos a cabo la exitosa primera edición de "Ser Mujer Líder y Emprendedora Está de Moda", en Barcelona, España en febrero del 2017 y a partir de allí se han presentado más de seis ediciones, incluyendo islas Canarias, Madrid, Santo Domingo en la República Dominicana y Madrid, entre otras.

El fin primordial de este evento, como ya lo hemos señalado, es empoderar a la mujer para desarrollar y usar su verdadero potencial. De allí derivan objetivos específicos, tales como:

- Compartir una visión global del panorama laboral y de las oportunidades profesionales.
- Dar a conocer las herramientas de la exitosa metodología de crecimiento personal y profesional que imparto alrededor del mundo y que se encuentran en mis libros *La belleza de saber vivir* y *Lejos de mi sombra, cerca de la luz.*

- Aprender técnicas para proyectar adecuadamente la imagen personal y obtener resultados profesionales y personales favorables.
- Promover una red de contactos, o sea, *networking*, de alto nivel profesional.

"Ser Mujer Líder y Emprendedora" tiene como meta impulsar y motivar el cambio en las áreas de excelencia de la mujer para crecer y afrontar el futuro con éxito. He compartido mucho sobre esto en un capítulo anterior acerca de la excelencia personal y me siento orgullosa que a través de estas jornadas de emprendimiento aportemos a la mujer estas claves, así como también damos a conocer herramientas para proyectar mejor su imagen y posicionarse en el mercado laboral.

Nuestra visión se orienta a potenciar los valores, principios, ética, virtudes y talentos de la mujer, pero ante todo la fe, tomando como base las enseñanzas espirituales impresas en la Palabra de Dios, para que así se logre aumentar las capacidades, redireccionar las emociones y definir estrategias de superación personal a nivel de la excelencia. Nos enfocamos en la mujer contemporánea, aquella que no teme al desafío de proyectar su éxito y afianzar su personalidad de mujer triunfadora. Nos enfocamos en aquella que tiene el deseo de compartir casos de éxito con mujeres de diferentes culturas y nacionalidades quienes hablan de su experiencia como empresarias, los motivos que las llevaron a emprender, los pasos básicos que tuvieron que dar y cuáles han sido los mayores obstáculos que tuvieron que superar. Al final las asistentes reciben mensajes poderosos para su superación personal, profesional y espiritual, alcanzando una visión más amplia y conociendo a mujeres con historias que inspiran.

Hacer estos eventos y mis conferencias me lleva por el mundo multiplicando mi mensaje de superación integral para la mujer y la familia. Es un gran compromiso que adquirí con Dios y "Ser Mujer Líder y Emprendedora" representa para mí una oportunidad invalorable para sentirme útil y para comprobar que el valor de mi imagen sirve para exaltar lo positivo que tenemos los seres humanos y especialmente el talento y la gran influencia que ejerce la mujer en la familia y en la sociedad.

Siempre quise volar en distintas direcciones y muy rápido, como la libélula que tanto ha inspirado mi propia historia de vida. Así como esta hermosa creación de Dios y de la naturaleza, he vivido siempre luchando por mi propia transformación para sobrevivir en condiciones adversas, superarme y edificar un universo espiritual siguiendo la Palabra de Dios. Él me ha moldeado en las pruebas y me ha impulsado a diseñar siempre una mejor edición de mí misma. Me ha dado hermosos regalos, como lo son mis extraordinarios hijos y mi leal compañero de vida, mi esposo con quien comparto las aventuras de esta vida.

Dios nunca ha dejado de sorprenderme, siempre mostrándome nuevos caminos, habilitando y ejercitando mis dones y destrezas, nunca dejó de enviarme maravillosos amigos, mentores y aliados, nunca más quiso que me sintiera sola y envió para acompañarme cientos de miles de seguidores, amigos secretos, guerreros espirituales, como cariñosamente los nombro, quienes resguardan mis pasos y van conmigo por el universo de inspiración.

¡Dios es y siempre será mi pasado, mi presente y mi futuro!

¡Por Él me atreví a ser Bárbara!

¡Atrévete

a ser una mujer líder y emprendedora!